齊柏林空拍20年的堅持與深情

我的心，我的眼，看見台灣

齊柏林——著

【推薦序】

長久堅持的良善意念

文／宋文琪

美麗的福爾摩沙，無法孤絕於世。煙硝或寧靜，決乎於人。

齊柏林，他冷靜地，以絕對的高度、經年的意志，不同於我們習慣的視角，帶著我們飛出這煙硝的雲霧，看到原來這煙霧底下，我們生生不息的這塊土地，竟絕美如斯……那美，可以跨越種族、文化，撼動每一個人的心底。

他對這塊土地的愛與感動，透過作品，能點燃我們每一個人奉獻這塊土地的那把心火。希望永續的環境保護、台灣之美、台灣文化的珍貴價值，能因此被自省、更加被大家所珍惜。我想，這就是齊柏林《看見台灣》這樣的作品，能感動所有人的原因。

文化的根是「人文」。我們一起認同的偉大作品，織出世代的「共同記憶」。這些作品所創造的視角，就會形成這個時代的共同價值。在這個資訊爆炸的年代裡，創意的價值已遠不如良善意念之長久堅持來得珍貴。在齊柏林身上，我看到了這難能可貴的樸實、視野與堅持，令人敬佩。

我曾經遍尋一個最能代表台灣的東西，做爲送給國外友人的贈禮。我尋尋覓覓，一直找不到能讓我發自內心感動的作品，直到我看到了齊柏林的台灣攝影集。我與齊柏林素昧平生，那是我們結緣的開始。他的作品，是介紹台灣最好的禮物，最能展示台灣之美。那用生命拍出的台灣，值得一看再看。即使你久居台灣，當你第一次驚豔地看著他鏡頭下的台灣時，你會難以置信地問著：「台灣眞的是這樣嗎？」

齊柏林先生的作品，不但讓所有生活在美麗寶島上的人，重新認識了這塊土地，也讓國際上的朋友有機會看到台灣更完整的樣貌。我相信也祝福他能早日揚名國際、爲台灣爭光！

（本文作者爲台北一〇一董事長）

【推薦序】

透過空照，看到台灣的美

文／歐晉德

二十幾年前，我奉命擔任國道新建工程局局長，負責推動北宜和北二高速公路建設，由於是新成立的單位，需要大量新進人員，齊柏林前來應試，我因此認識了他。面試時我問他對土木工程是否有興趣，他雖然個子高大，人卻很靦腆，小聲地回答說，他退伍不久，對這些並不懂；我接著問他的興趣是什麼，這回他直截了當、非常肯定地說是拍照。

說來也巧，我一直認為重大工程的記錄非常重要，特別是公路建設，從規畫、設計、興建，甚至完工使用後環境的變化，各交流道附近的開發，邊坡景觀的影響，都應有完整記錄，而最好的記錄方式就是空中照相。當時我花了很大功夫蒐集了一些中山高速公路興建期及剛完工通車的照片，對我主持第二高速公路後續建設計畫頗有啓發；因此我計畫，在興建二高的過程中，要定期以直升機進行各路段的空照，而這工作需有專人願意有恆心地執行，可能要經過十多年才能看到成效。

聽到齊柏林的答覆，直覺想到他就是執行我這計畫的不二人選，因此我問他願不願意接受這樣的挑戰。我希望他有決心和毅力，能持之以恆。爲了鼓勵他，我當時除了強調興趣非常重要，還特別希望他能堅持，能長期執行這任務，記得我那時曾對他說：「如果你能這樣做，二十年後你會是全國知名的空照專家。」我相信這樣的機會很難得，而國工局配合二高計畫的執行，可以做到。

齊柏林就這樣開始了空拍重大建設的工作。爲了確認工作方向，在那幾年中，我常常和齊柏林討論應該用什麼角度拍攝，兩人互相交換意見。國工局第一本北二高工程攝影集《道路．鄉情》，就是齊柏林早期的作品。

二十多年後的今天，齊柏林果然成爲全台灣數一數二的空照專家，他的成就大家有目共睹。如今我自己若需要一些大區域的空中照片，來了解地層下陷、水資源汙染、坡地滑動等等對環境的影響時，常常向齊柏林請教，他都能迅速地提供空照，讓我在多次分析過程或演講中，更容易了解問題所在。

齊柏林在多年的空拍過程中，深刻感受到台灣的美，但也清楚看到台灣自然環境遭受了嚴重的破壞，他深感憂心，近來常常在演講時呼籲大家能正視環境保育問題。我非常希望透過齊柏林的眼，在建設之餘，能更有智慧地找到兼顧自然環境，又能讓人民親近自然的方法，讓我們的台灣更美更好。

（本文作者爲台灣高鐵董事長）

【推薦序】

觀，自然，在當下——一趟跨越時與空的返家之旅

文／賴青松

其實，聽聞柏林兄的大名多年，卻始終沒有緣分相識，直到他籌畫拍攝這部《看見台灣》的空拍記錄片，才讓這兩個各自著迷於飛天、耕地的男人碰在一起。

或許是同屬五年級的緣故，兩人在成長中所見的台灣環境變遷極爲相似，而且童年在野地中玩耍的生活經驗，都成爲後來關注環境問題的重要伏筆。翻開書本跟著柏林兄的鏡頭騰空而起，放眼所及是既熟悉卻又陌生的山川土地，只因我們從未有機會以這樣的角度仔細凝望。然而，跟隨文中脈絡爬梳而下，卻又覺得字字句句都是你我熟悉的光景，只因我們同生共存於相同的時代。

《大自然》季刊是台灣推廣生態保育觀念的先驅，雜誌中美麗奪目的本土生態照片，啓發了柏林兄的攝影夢想；而當年尙在中學就讀的自己，則深爲雜誌中所介紹的環境破壞種種，在心中埋下陪伴土地的種籽！柏林兄在公寓頂樓瘋狂養鳥的年少往事，也讓自己回想起家中永遠不缺蟲鳥魚龜的童年光陰！而初履南台灣的大學

生活，更因加入環保社的緣故，每每遠溯山丘叢林中的大小溪流源頭，只爲了一探那條柏林兄口中「唯一有著特別風味」的重度汙染河川——二仁溪！而大學環境工程系四年的田野調查，更讓自己的足跡遍及南部各地的工業區及養殖區，親眼見證那一條又一條時時變換色彩，卻從來未曾清澈的鄉野圳溝，而一旁便是你我賴以維生的農鄉大地！

眞心感謝柏林兄以青春與熱情換來的精彩記錄，無論是文字、照片或影像，都在我們的眼前展現了大地母親的眞實面貌，我們往往不願面對卻又不該逃避的眞相！透過柏林兄的心與眼，我們終於得以俯覽清水斷崖的壯闊，嘉明湖的靜謐，大霸尖山的雄偉！也終於得以一眼望見開腸破肚的山野大地，五彩渲染奔流入海的寂靜死河，以及一群又一群依舊在天人交界處，前仆後繼勇往直前的台灣子民！

終於明白，無論是翱翔青空，或是俯耕大地，人們看天吃飯的命運從未相異！回想日本統治時期，南北鐵路貫通造就了台灣人的集體意識；一九八〇年代，中山高速公路通車，打通了台灣經濟發展的任督二脈；衷心期盼這一條，由柏林兄以生命與熱情織就而成的看守空路，能幫助更多台灣子民看清故鄉的過去、當下與未來，願意一同上路，找回那曾經美麗的福爾摩莎——你我共同的家園。

（本文作者爲穀東俱樂部創辦人）

CONTENTS

Chapter

1 山

夢想的起點

山像是一切事物的起點，是河川的源頭，孕育各種生物，是我原初夢想的起點，也是我投入空拍領域，一個開始的啟發。

一次大戰期間，德國發明了一種飛行器，是商用飛機的前身，用於軍事轟炸和氣候偵測，這種飛行器叫做「齊柏林飛船」，那是人類對飛行夢想的初始試探。我的父親來自河南，他從來不知道有這樣的飛船存在，對飛行也沒有任何夢想，卻幫我取了「齊柏林」這個名字。

我的大半輩子都在「飛」，能有一個「人如其名」的名字，聽起來很夢幻，很多人以爲是個假名。也許是這個名字帶來的影響，我從小就迷戀各種會飛的事物，童年最喜歡的卡通是《科學小飛俠》，青春期之後最大嗜好是養鳥，最高記錄曾經在家中頂樓養了一百多隻各種品種的鳥類。

我相信，每個人的血液之中，都隱然藏著神秘的瘋狂因子，有人瘋狂於購物，有人瘋狂於賺錢，我則是瘋狂於飛行。

這二十年來，我跟著直升機飛上天空，拍遍台灣各個角落，有山、有河、有海、有城市，從天空看自己生活過的土地是一項很迷人的工作。這些工作大多是我自費趁工作空檔做的，拍這些照片最初始的念頭，只是想把一切記錄下來，沒多想什麼，更別說是算計到日後這些照片可以賣多少錢。

天空最迷人之處是它的浩瀚無邊，我童年讀過一則科幻漫畫，書中說未來有種機器可以把雲固定、漂浮在空中，我常幻想自己站在雲上飛的感覺，想像在雲上探出頭來往下看，到底會看見什麼？這個夢想在我成年後眞的達成了，在直升機上，腳浮浮的，手伸出窗外，彷彿就能握住雲朵，只是這些雲朵並沒有像科幻漫畫那樣變成固體狀。

我很想知道雲的觸感，在空中迎著風，手掌只感受到陣陣冰涼，原來這就是雲。

我專科念的是工業管理，正職一度是公務人員，原本我可以安安穩穩等著退休，過著悠閒的日子，但這種安穩的日子卻時時刻刻受到血液裡瘋狂的飛行夢想召喚，而蠢蠢欲動。四十七歲那年，離退休只剩三年的時間，我辭去公職，成爲全職的空拍攝影家，我把剩餘的人生全投入我畢生最愛的事情上了，很惶恐，也很快樂。

我是在山裡玩大的小孩

童年裡，我只對兩件事情感到莫名興奮，一件是在溪裡、山裡玩耍捉魚，另一件是學校的畫畫課。

我的父親是榮工處的基層員工，母親是一般的家庭主婦，那個年代裡，算是經濟狀況中下的家庭。父親隨榮工處在關島工作多年，爲了貼補家用，我偶爾還會幫媽媽做些家庭代工。經濟條件不好的我們也常搬家，從台北的吳興街搬到板橋眷村，又再搬到台北的景美、木柵。

因爲生活不寬裕，小孩子只能自己找方法打發無聊時光，比如我很喜歡去山裡當「野孩子」，以前的吳興街還有礦坑，坑的前方有無名小溪，我們常把溪水用石頭堵住，一群野孩子就跳到滿漲的溪水裡游泳、打水仗，這是屬於我們那個年代的「水上樂園」，而且還是免門票的！

溪裡的動物也多，我年紀小、動作又笨拙，常捉不到魚蝦泥鰍。當時爸爸在關島工作，每年回台都會帶回一些新奇的玩具，我還記得，有一年他送我一台電動汽車，這車子遇到障礙物還會自動避開。我雖然非常喜歡這個玩具，但野溪裡活跳跳的魚、蝦、泥鰍，對我來說顯然更有趣，於是我就把新玩具拿去跟鄰居大哥哥們換溪裡的小動物。

我媽看到爸爸辛辛苦苦從國外帶回來的玩具，竟然換回幾條要死不活的泥鰍，當然氣得把我臭罵一頓。或許，這隱然也是一種價值觀的反映吧？人類科技再如何演進，任何再新鮮奇特的發明，其實都抵不過大自然活跳跳的生命來得有吸引力。這些大自然的生物，是任何精密的發明都創造不來的。

按下快門，滿足了對大自然與藝術的狂熱

我在校的成績並不突出，但我很喜歡畫畫，每次畫畫課的作品一定都會被貼到布告欄上表揚。我很想學畫，但我知道學這個要花錢，跟媽媽實在開不了口，甚至連學校說要買蠟筆、水彩這類的工具，因爲知道家裡的經濟狀況要負擔這些工具也很吃力，再想到遠行的父親和做家庭代工的母親，這些細小的願望就被理所當然地壓抑下來了。

沒有學畫，仍無法抵減我內心對藝術的喜愛。上了國中，我跨區就讀台北市仁愛國中，同學們大多來自城市裡的富有家庭，即便念的是B段班，上課時老師放牛吃草，隨便要同學們上台表演打發時間，班上隨便找，就有人可以上台彈鋼琴、吹直笛、彈吉他。我很羨慕他們可以學這些才藝，能利用不同的媒介，表現內心的感受。

直到念高職時，規定要住校。學校在山上，沒有什麼外出玩樂的機會，但校內有很多社團。我參加了攝影社，拿著父親一台舊型的匣式老相機，幾乎不必花什麼錢，就能完成我一部分的「藝術」夢想。那些相機現在看來，是拍不了什麼好照片，但當我按下快門，拍下觀景框裡大自然的一切景物，就覺得童年裡那兩個讓我狂

熱的元素：大自然、藝術，在那一刻被同時滿足了。

懷念每天被吵雜鳥聲叫醒的日子

我對自然有種莫名的熱愛，可能因爲從小就生活在山邊環境的緣故。我現在住的也是山邊的社區，還特地在後面的院子小坡地上挖了一個小池，引來泉水。山邊只要有一個小水池，就會有青蛙，接著就會有各種鳥類，形成一個小生態。我常坐在屋子裡，就能聽到戶外院子震耳的蛙鳴。反而是我的女兒，過慣了城市生活，有一天竟然跟我說：「爸，你去叫青蛙不要叫了，我沒辦法專心算數學。」她不懂，就算數學算術考滿分，也比不上平凡的蛙鳴來得珍貴。

我很懷念小時候，騎著單車穿過木柵舊隧道的情景：山洞裡滴著水，空氣是泥土的味道。更懷念每天早上被吵雜的鳥鳴叫醒的日子，老家四樓公寓的頂樓，搭了一個棚子，我在那裡養了好多的鳥，每天都上去餵食和清鳥糞，樂此不疲。甚至在宜蘭當兵時，只要一休假，我就會拿微薄的薪餉去買野鳥。（現在回想起來，眞是不當的行爲。）

每天清早，我家的頂樓都非常熱鬧，不僅籠子裡的鳥叫，附近的野鳥也會飛到籠子旁跟我家的鳥「聊天」，有些就賴在我家不走了。我還救過路上被車撞傷的八哥鳥，救活之後，牠也不走了，非常有靈性，會站在人的肩上討食。

父親後來買了新房子，新房子在一樓，再也沒辦法養鳥了，我開始漸漸把鳥分送朋友，其中有一隻白頭翁我把牠野放了。沒想到，野放後的隔天，牠又飛回來，原來牠會認家！我再也捨不得牠走，就留在家裡繼續養。

動物幾乎是現代人與自然環境接觸的唯一「介面」，我們從動物的眼神、與動物的互動，去了解大自然的運作法則，而對待動物的方式也反映了人與自然是怎樣的關係。

我成長在一個有動物的環境，有了自己的家庭與公司後，也希望在我日常生活的地方都有動物。我在家養了兩隻烏龜，別以爲牠們每天懶洋洋、慢吞吞地，不會有什麼出人意料的行爲，但天氣一熱，我家的烏龜會從水桶和牆壁的縫隙，一蹭一蹭地爬上及膝高的水桶，跳進水裡泡澡。這是我用定時攝影觀察烏龜得到的心得。我甚至會帶烏龜到公司上班，每當心情沮喪，工作煩累的時候，我就看一看牠們，都會有一些莫名的療癒效果。這就是自然的奧妙之處。

不是動物需要人豢養，而是人類需要跟動物相處

我知道動物的好，公司成立之後，我就策畫養動物的事，但公司不是只有我一

人，得徵詢大家的意見。我提議去認養一隻小狗，辦公室只有一人反對，就是我拍的記錄片《看見台灣》的製片。她其實也非常喜歡狗，但卻很怕面對終有一天要與狗分離的傷痛，因此相當反對。

不過，公司也不是只有她一人，其他同事都贊成，我們就歡歡喜喜去領養了一隻吉娃娃與貴賓犬混種的小型犬bubu。沒想到原本反對最力的製片，日後竟然被bubu一步一步收買了，現在她的辦公室裡有張沙發是專門給bubu躺的，每天上班跟狗形影不離，下班捨不得牠獨自留在辦公室，索性狗就跟著她上班下班，她成了公司最疼bubu的人。

動物就是有這種神奇的力量，我相信所有跟動物相處過的人，內心柔軟的部分必會被喚起，並不是動物需要人類豢養，而是人類需要跟動物相處，藉此提醒自己做爲一個人應該有的同情心、應該有的柔軟人性的部分。

由於在景美木柵的山邊長大，貓空幾乎算是我的遊樂場，當年的貓空沒有茶藝館、也沒有土雞城，我常常一人騎著機車，在山上閒逛。有時看看山，有時偷偷到廢棄的茶農民舍探險，有時則是在溪裡泡水捉魚。但現在的貓空已經不一樣了，我每去一次就嘆息一回。大量的土雞城、茶藝館，連咖啡館也來了。後來是貓空纜車，整個貓空更商業化了，整個山頭像是一頭巨大的怪獸。

貓空纜車為我兒時的遊樂場帶來了人潮，但也讓貓空變得更商業化，失去了原本茶山的純樸氣息。

山，是我的童年，也是我原初夢想的起點。我不會忘記，在吳興街山邊玩水捉魚的日子，也不會忘記騎著機車在貓空閒晃的夏日午后；還有念高中時，參加救國團活動，爬了雪山。在三六九山莊後面的白木林，我們遇到難得的大雪及膝，舉步維艱，卻無比興奮。山像是一切事物的起點，是河川的源頭，孕育各種生物，也是我投入空拍記錄，一個開始的啓發。

拍過這麼多景物、地貌，最令我「有感覺」的是拍山。這個感覺是恐懼。

到空中拍照，最關鍵的條件是：天氣狀況。不只要天晴，還要能見度夠，空氣中懸浮粒子不能太多，否則不能拍到好照片。這二十年來，我養成了一個習慣：每天起床便蒐集各種天氣資料，不管今天有沒有要飛，我都會瀏覽台灣各地的天候，隨時都能掌握各地的氣象和能見度，幾乎就是一個人肉氣象台了。

不過，有一項資料是氣象資料難以預判出來的：氣流狀況。飛機空拍最怕遇到亂流，而拍山最容易遇到亂流，因爲山與山之間容易產生風的亂流，加上季風的影響，山谷間的氣流變化，幾乎是瞬息萬變，連資深的飛行員都難有百分百把握。

拍「山」的感覺：恐懼

有一次，拍完玉山主峰正要離開，直升機突然間遇到了強大不穩的氣流，副駕駛幾乎無法控制飛機的飛行姿態，正駕駛連忙接手飛行，那一瞬間，直升機幾乎以垂直的角度向上飛行。我腦子一片空白，還來不及唸阿彌陀佛，本能地尖叫大喊，那幾秒之間，我眞的相信飛機就要失控了，我大概就……我還記得當時飛行員緊急處置的語調，還有額頭上米粒大的冷汗。

這不是唯一的一次，有時候碰上不穩定的氣流，飛行員來不及閃躲，一直顚簸，災難隨時迫在眼前。還好我們一路都有驚無險地度過，但無論遇到多少次，還是一樣會怕。這些事，我從來不敢跟家人說，怕他們擔心。

每遇到一次這種生死交關的事件，我都會告訴自己：別拍了，不要再冒生命危險做這種沒有任何報償的事了！可是，一覺醒來、或過一陣子之後，看到天氣又好、能見度又高的日子，我又忍不住想要飛了。血液裡那個瘋狂的因子又再度被喚起。

尤其，當看到一張好照片被拍出來，即使沒有任何酬勞（我大部分的拍攝只是爲了想記錄台灣），心中的滿足卻是無比巨大，好像不惜一切生死危險的代價，就只是爲了看到一張好照片的那片刻幾秒。

除了生死邊緣之外，有時拍高山，一下子飛到兩千、四千公尺高，氣溫驟降，身體出現輕微的高山症癥狀，頭會暈，加上冷風又強，常吹得全身刺痛。我通常用大眼鏡和面罩把自己包得緊緊的，但因為我近視戴眼鏡，容易因呼吸讓鏡片起霧，所以非得把鼻子露出來。然而鼻子暴露在冷風中，整個鼻腔是刺痛的，鼻水直流時，你也空不出手來擦，吸也吸不回去，就只能任由鼻水在空中四處飄盪。如果當時有側拍的影像，就可以看到我們有多狼狽。

暈機、震動劇烈，還得拍出好照片？

山區風大，有幾件事是一定要注意的，像是盡量不要戴鴨舌帽，口袋也不要放任何東西，以免飛行顛簸讓東西掉出來，會影響飛航安全。但實在是太冷了，我逼不得已還是戴了頭套式的帽子。一般人第一次上直升機通常會暈機，公司的製片第一次上飛機，飛行員就遞給她一個嘔吐袋，並告訴她：「我怕妳待會吐了，我又不好意思罵妳，所以這個袋子還是拿著以防萬一。」

台灣常有山區災難，媒體記者會共同分攤租機費用租直升機飛上去空拍，這些記者沒有經驗，不知道機上拍攝工作的實際狀況，也不懂得如何跟飛行員溝通，我通常就會為航空公司擔任與記者溝通的橋梁，講解飛行的任務，還提醒他們會嘔吐，要有心理準備。告訴他們如果眞的怕吐，沒關係，我會幫大家拍照，你們在地面上等也可以。

若眞的上了飛機又遇到亂流，沒經驗的記者通常是一邊顧著吐、一邊要抓著相機拍。飛機上的震動嚴重，沒有經驗的人，常常抓不準角度，拍出來的照片是歪的。其實這是有技巧的，畫面裡的地平線要保持平的，不管怎麼飛，一定要把水平線擺好，照片就不會歪。

直升機飛上天空，要往哪裡飛也是學問。德安航空公司的羅仁平處長一直以來都是我義務的攝影助理，除了幫我在飛機上換底片，他還有一個重要的工作是看航照圖片辨認方向引導飛行員，因爲以前沒有GPS、也沒有衛星導航，一切只能靠肉眼辨識，我們曾經爲了找一個落地地點找不著，飛了幾十分鐘。直升機體型小，在空中盤旋繞個幾圈，裡面的人就會頭暈，所以如果有明確的方向指示，機上的人員就能降低暈機的可能性。

羅仁平（左）是我在飛行攝影時最重要的幫手。

除了這些外在因素之外，有時候最大的折磨是內急。由於飛行是計時收費，我們不想浪費任何一點時間，有一次機上的工作人員想上廁所，但我們還沒拍完，於是翻找了一個塑膠袋讓內急的人「自己方便」，怎知尿完後，意外發現袋子其實有破洞，尿液就這麼流了出來，漏了整個機艙，囧到不行。

熟悉飛行方式之後，我還會要求飛行員將直升機水平傾斜四十五度左右，讓我的身體能探出整個機艙門，用更靈活的角度拍照。飛機上的門通常是不關的，我的身體只有一條安全帶綁住防止掉下去。照理說是非常安全，早期經驗不足，就曾有一次下了飛機之後，竟然發現我的安全帶並沒有扣住安全環！

想到這裡，我嚇出一身冷汗，從此以後我一上飛機的第一個動作就是將安全帶扣上扣環。雖然我愛飛行，又人高馬大，事實上，我也會懼高，甚至連雲霄飛車、海盜船我都不敢搭。只有飛行，能讓我整個人變得大膽。

沒有人的地方，就是最美的地方

在山裡，除了要跟大自然搶「風」，還要跟天搶「光」。山有起伏的稜線，但要在某個面的光線才能顯現山稜，否則就是一片黑，效果不佳。另外，我們在平面看山，與從空中看山也很不一樣。比如我們對大霸尖山的印象是某個有稜有角的山

台灣山林的兩種顏色：下雪的白（上，雪山主峰及圈谷地形）與常年的綠（下，雪山山脈）。

頂切面，對玉山的印象是玉山北峰看過去的山形，但這些都是必須從某個特定角度才能看到的形象，從其他角度，根本就看不到我們在媒體裡常見的那些名山的「刻板形象」。

爲了捕捉這唯一的角度，就要跟天搶光。一天當中只有某個時刻，光才會照到這個山面，你才拍得出某個漂亮的稜線。

（圖為玉山主峰）

由於高山空氣稀薄，直升機馬力有時會不足，造成飛行困難，看似美麗的畫面，其實拍攝時潛藏著危險。

拍照之後，我比童年更喜歡山林了。很多人問我，拍了這麼多的地方，到底什麼地方最漂亮？我的回答都是：「只要沒有人的地方，就是最漂亮的地方。」台灣的海岸也美，但人太容易到達，人一多就有破壞和汙染。但台灣的山因爲難以抵達，人爲破壞少，所以還維持大自然壯闊美麗的樣貌。

如果要挑一樣台灣最美的地貌，我認爲是山。台灣的山只有兩種顏色，一種是白，下雪；一種是綠，終年森林的蓊鬱。它沒有像高緯度國家的山，四季顏色分明，但仍有獨特的「氣味」，我印象最深的是在棲蘭山拍攝，飛機靠近山林，旋翼片攪動了空氣，把山裡的空氣往我們機艙裡送，才知道原來森林也有味道，是淡淡的檜木香，整個空氣是清爽帶著淡淡的甜味，我從來沒聞過這樣的味道。也因爲空氣太清新了，有抽菸習慣的飛行員呼氣時的菸味，頓時變得格外明顯。

飛得了四千公尺，抵不過一片雲的力量

我也拍了不下二十次玉山，甚至十多年前，玉山山頂立碑時，我也拍到工人正在構築基座、飛機吊掛的畫面，這些經驗都很難得。飛過這麼多次玉山，每次看，我仍然覺得很新鮮，因爲每次山的光影、高山林相的顏色不同，它的樣貌也跟著有些微的不同。

高山氣候變化大，有時氣流太強，即使美景當前，也只能放棄拍攝。

飛玉山準備的工作也比較繁複，因爲是最高峰，氣候的變化也更複雜，需要更完整的氣候資料，但無論現在科技如何發達，仍無法預料到山頂上的雲何時會遮住光、何時會離開。在這些等待的時光，我也常感到焦慮不耐煩，但有時轉念一想，這何嘗不是證明了人類的渺小嗎？你能飛得了四千公尺高，卻抵不住一片雲的力量。

高山遠離人群，但別以爲這樣就逃得過人爲的破壞。比如從空中看桃園復興鄉經新竹尖石、五峰，台中和平再到南投仁愛、嘉義阿里山，這一整條帶狀中高海拔的山區，全是高山農業，不是果樹就是蔬菜農場及高山茶園。密密麻麻，看起來怵目驚心。我來自公務員家庭，從小就聽大人說十大建設如何偉大，所以我一直以爲，梨山上的果樹菜園是一種人定勝天的表現，不僅征服了自然，還讓老榮民有個安家立業之處。但其實高山農業所造成水土的破壞是難以恢復的。拍照之後，我開始不買高山蔬果，算是我對這塊土地能做的一點小事。

高山尚且如此，中低海拔的小山、丘陵更難逃破壞了。我拍過山坡被挖了洞、回填了滿滿的垃圾。還有滿滿的山頭蓋滿各種建案，在地面上的人看起來是豪華的別墅，但我在空中看來，卻是順向坡的危險住宅，而且一個小山頭站滿了大樓，怎麼說也是件違反自然、不健康的事。我出機，看到這種滿山頭的建案，總會忍不住多按幾下快門，總覺得這樣的照片，再十年、二十年回頭看，一定會有地貌變化的

空拍照片中可清楚看出這些住宅都建於危險的順向坡上，
但人們常常只在乎房屋的價值，而忽略這些建築對環境的破壞與居住其中的危險性。

這一整條密密麻麻的高山農業區，對環境的破壞令人怵目驚心。除了原本高聳的林木都換成了淺根性的作物，造成水土保持功能喪失，農業施作所使用的農藥肥料，更會對土壤、水質造成汙染。（圖為福壽山農場）

歷史意義。人們只在乎房子的價錢，是不是豪宅，景觀好不好，卻從沒想過，這樣的房子安不安全，對環境的破壞大不大。

台灣山林的第三種顏色：怵目驚心的土黃色

我也拍了很多山裡發生的災難畫面，而台灣最常見的就是土石流。二〇〇四年敏督利颱風過後，我沿著大甲溪而上，拍到了整個松鶴部落被土石流掩埋的景象，上面有救難人員正在進行搶救。我也住在山邊，對山有一份感情，但看到山無情反撲的畫面，一方面很震撼，一方面又對環境的破壞感到十足的憂心。

我在九二一之後，大規模拍攝了台灣山林的變化，處處都是滑動的土石，蓊鬱的山林常常就中間滑掉了一大片，留下醜陋的土黃色。我原本認爲，台灣的山只有兩種顏色，一種是白雪的白，一種是常年的綠，現在多了第三種，是滿山遍野、殘破的土黃色，像是大地的傷口。

每回豪雨過後，我常會出機去記錄山林的變化，拍到一次又一次驚人的土石滑動，每年拍都有令人心驚的畫面，但現在回頭看，那些驚人的土石滑動災難畫面，竟然一點也不算什麼了。

「人定勝天」的信念，讓人們常與山爭地、與河川爭地，但一遇到天然災害來襲，一夕之間這些與大自然爭來的，終究還是得還給大自然。（圖為敏督利颱風時遭土石流淹沒的松鶴部落）

莫拉克颱風造成的土石流，不僅讓新好茶部落完全被覆蓋，規模之大更是前所未見。

我在莫拉克颱風過後，隔天就進入了災區，比較起來，小林村的土石崩落算是小規模了，其他無人山區土石崩落的狀況是好幾倍的規模，我看了很難過，更發願要記錄這片土地的環境變化。氣候愈來愈極端，災難也只會愈來愈巨大，當土地發生這麼大的變化時，我不能袖手旁觀，我唯一能做的，就是把我看到的一切，透過各種方式，送到台灣人的眼前。

而這一切，都不能等。

九二一地震後，處處可見大片滑落的土石，成了殘破的土黃色山。（圖為九二一地震震央九份二山）

Chapter

2

河

站在河的上游，猜不透未來的方向

秀姑巒溪出海口有一塊小沙洲叫奚卜蘭島，橫躺在中央，據說是阿美族祖先到台灣時落腳的地點。在空中拍攝的時候，我常遙想，阿美族的祖先踏在沙洲上望向台灣島時，他們眼裡的台灣，跟現在有什麼不一樣？

每條河流都有複雜的支流系統，我常覺得，人生也是如此，由不同的遭遇和經驗組合而成現在這個樣貌。站在河流的上游，你無法預測最終這條河系會組合成何種樣貌。一開始，我只是一個對攝影有興趣的學生，也沒想到有這樣一天，會投入這麼多心力、金錢，飛上天空，記錄台灣。

從人生的小支流說起

從小我的學業成績並不出色，高工念的是營建科，當年念建築的學生大多會一點拍照基本技巧，做為記錄之用。攝影社的同學也大都只是玩票性質，不過，我卻愈玩愈有興趣，還記得在家附近的小書局裡，看到《大自然》雜誌創刊號大為驚豔，讚嘆怎麼有人可以把台灣生態環境拍得這麼漂亮，而且還都是台灣人自己拍的。我告訴自己，有一天我也要拍出這樣的照片。

因為小時候我就愛養鳥，看到《大自然》雜誌的保育類野鳥專題更是有所共鳴，我還記得我買了劉克襄當年出版的《旅鳥的驛站》，按圖索驥，照著書中的攝影作品，我也跟隨作者的腳步，練習拍一樣的照片。我是個大近視，拍鳥最大的挑戰是眼睛很吃力，得盯著遠方一個點，手動對焦，每回拍完淡水、關渡的鳥類之後，眼睛都非常乾澀，眼前全是「複影」，甚至要搭車回台北時，連公車上的數

念專科時期的我，常跟隨生態作家劉克襄書中所述的路徑，練習拍攝野鳥。

字、號誌都看不清楚了。

我當時拍鳥充滿了熱情，拍到不知名的鳥、拍照上遇到困難，都會寫明信片到雜誌社問，那些作者也都很熱心回覆我的問題，他們很多是國家公園的保育員，還有的是銀行業的主管，這群人因為興趣而在雜誌上發表文章和照片，也因為雜誌這個平台，把我們這群「業餘」愛好者聚集在一起。

《大自然》雜誌算是啓發我日後從事攝影工作，一支小小支流的源頭吧。

當拍照變成例行公事

高工畢業後，我對人生也沒有太多的想法，只順理成章地考上了二專的工業管理科。退伍之後那幾年台灣的股市大好，很多念商的學生都去考證券營業員，當年那不只是鐵飯碗，簡直是金飯碗了。那個年代的男生，不是念理工，就是念商，拍照只能當業餘興趣，不太會把它當成第一選擇的謀生技能。

因此畢業之後，我跟大家一樣，去考證券公司，但沒考上，心情也沒特別難過，畢竟那也不是我特別有興趣的事。沒能進入證券業，倒是讓我開始思考，我到底還會什麼？要靠什麼技能在這個社會上謀生？最後，我靠一點點的攝影技巧，開始找相關工作。

因爲有興趣，在還沒畢業之前，我就累積了不少攝影作品，我拍了許多生態題材，像是荷花、候鳥之類的。還記得當時去面試的公司是在羅斯福路上著名的婚紗攝影公司，我帶著裝訂成冊的作品去面試，也就順利被錄用了。

後來，我轉到一家室內設計雜誌當攝影，拍一些燈光美、陳設美、家具美，一切都美、但看起來假假的室內設計案件。一開始，看到自己拍出來的作品，每期被刊在雜誌上，非常有成就感，尤其有些設計師特別賞識我的作品，會特別指定要我拍，也算是對自己拍照能力的肯定。

學生時期累積的攝影作品。

一直到現在，我都還保留著這個時期拍的雜誌照片，雜誌就成堆地占據在書架上，像一座牢不可破的立碑，上面是對我攝影能力的肯定。不過，隔了這些年回頭看那些作品，其實好像也沒什麼特殊之處。案子拍久了，都有一個固定的模式，固定的燈光，固定的角度，拍出固定的味道。

之後，攝影對我的吸引力，變得不再像過去一樣了。

當攝影成爲工作，拍照這件事不知不覺成了例行公事。除了工作時間，我不再拿起相機拍照。每天下班就不想再碰相機，更別提上山下海去拍自己感興趣的題材了。那陣子，除了工作就是工作，少年時的那些生態攝影的熱忱一點一滴消逝了。

第一次空拍的熱血沸騰，至今難忘

也在差不多這個時期，台灣的房地產開始狂飆，報紙打開常常看到各種建案廣告，那些廣告的照片常有空拍圖，拍出建案和周遭空間的關係。那個年代沒有電腦影像處理技術，大多是利用相機實地空拍。我很好奇，這樣的照片是怎麼拍成的？我四處打聽，甚至還打電話問報社。

那時我才知道，原來有空中攝影這種商業攝影的模式，也就是搭直升機在空中拍照。我聽了覺得很興奮，主動要求認識那位空拍攝影師，請他如果有機會上飛

這張早期拍攝建案的照片中，可看到當時的信義計畫區最顯著的建築是市政府，台北101尚未興建，還只是個停車場。
空中攝影的記錄價值即在於此，很多畫面中的影像，可能隔天就消失了，從中也可看見都市發展的軌跡。

機，讓我當助理一起上去。

我還記得第一次上飛機，是去拍一個台北市信義計畫區附近的建案。早年，一年只有一、兩次空照機會，直升機的費用高，也只有建案這種利潤較高的案子，才會動用空中攝影，所以機會非常少。上了飛機，噪音震耳欲聾，但第一次鳥瞰整個台北盆地，我非常興奮，完全忘了緊張害怕，也不在乎在飛機上的不適應。到機上當助理，是無償的工作，原本都是我請求攝影師帶我上去，但後來反而是攝影師主動帶我上飛機，大概是看我動作敏捷，希望我上去幫忙吧。

其實，我已不太記得當初到底看到什麼景物，但在空中熱血翻騰的感覺至今難忘。從高空中看台北的照片，是一般人拍不到的，而我們以拍照爲職業的人，追求的就是別人拍不出來的畫面。

之後，一年一、兩次的頻率已經不能滿足我，近十年來我開始自掏腰包上飛機空拍。飛行一趟價格都很高，這是一個昂貴的夢想。我的戶頭存款很少有超過十萬的時候，只要有錢我就拿去空拍，爲了籌措經費，我還到 ebay 上買二手相機，然後在台灣出售。

當時 ebay 剛成立沒多久，美國軍用偵查相機用來空拍的鏡頭偶有在上面流通，這些鏡頭在台灣都很難見到，爲了提昇自己的空拍影像品質，這些軍用鏡頭，我幾乎是看到適用的銘鏡就想盡辦法標到。除了鏡頭，我也買經典相機，買到最後，會捨不得將其賣出，幾乎是痴狂地收藏這些如工藝等級的攝影器材。最高峰時，我曾庫存上百顆鏡頭及各型各式相機。

空拍最大的挑戰是天候，公司的製片常質問我，爲什麼拍了這麼多年，當天要不要飛，還是這麼難做決定？人最難爭的就是天，就算科學再發達，氣象預報的範圍仍然無法準確到某個特定地點、特定時刻的天氣狀況、空氣懸浮粒子數字，好比我下午要拍阿公店溪下游，但空中氣流和氣候瞬息萬變，沒有任何氣象預報可以告訴我，阿公店溪下游什麼時候放晴，什麼時候空氣品質最好、能見度佳。

尤其拍建案廣告，通常會強調建案距

能見度是空拍最無法掌握的因素之一，同一個地方，能見度好與壞時拍出來的效果差別就是很大。

離一〇一大樓很近、距離高速公路只要幾分鐘，所以你一定得挑光線、能見度夠的時候拍，這樣一〇一拍起來才會顯得「近」在幾分鐘車程之內。

現在的電腦影像後製技術很強，但仍無法取代實際的空拍，實際空拍出來的空間效果和光線都比較眞實，無法後製。能後製的，就是像淡海地區的建案，常常打著河景、山景爲號召，其實從淡水這邊望向八里的觀音山，的確是有山景又有河景，只是觀音山上有很多「福地」，最後見刊的廣告，都得把這些福地修掉，「種樹綠化」。

現在的建案會強調山景、河景，其實是人類對環境態度的一種轉變。這種轉變，從我拍攝河川的照片就能看得出來。大約二十年前，我拍到的河川照片裡，兩岸的住家都是把房子的後門對著河川，這意味著什麼？人們把河川當成排水溝，不要的垃圾都往水裡丟。早年走過北宜公路的人都有個經驗，一到坪林要停車跟店家借廁所，那些店家的後門就對著北勢溪，而我們的汙水就這樣排入溪裡了。

這幾年情況不同了，開始有強調河景第一排的房子，價錢高、景致好，人們面對河川的態度不一樣了，將它視爲一個可觀賞、珍貴的自然環境了。但這也是我想不通的地方，台灣人一方面開始注重河川、珍視自然，可是在此同時，工廠偷排放廢水的案件，二十年來從未減少過。

從淡水望向觀音山的真實影像，但在建案廣告中，是絕對看不到前方的「福地」的。

2013年7月蘇力颱風來臨前拍攝到的五股觀音坑溪汙染淡水河的景象。

水彩調色盤上的顏色，在河川上都看得到

二〇一三年七月蘇力颱風的前夕，我在淡水河上空，拍到「血流成河」的汙染景象。這不是什麼新鮮事，只要是颱風前夕、連續假期，趁稽查人員休假，常常有工廠偷偷排放廢水。二〇一二年國慶日連假，我也曾在大漢溪拍到排放廢水，每年幾乎都拍得到類似的事件，太多了。然而，我並不是特別爲了拍汙染畫面而出機，實際上是因爲颱風前後，空中浮粒被風吹走，能見度高，通常又是大晴天，是我們出機拍照的好時機。

那些偷放廢水的畫面，從天空上看起來，十分駭人。你在水彩調色盤上看過的顏色，我都在河川上看過。我把這些照片給朋友看，朋友大多勸我不要發表，以免找上麻煩。但這幾年社會氣氛不一樣了，很多民眾只要看到河川的顏色不對，當地的環保局電話常常就被打爆，人們開始意識到環保的重要。

我印象最深刻的河川是阿公店溪，多年前從台北搭飛機到高雄，飛機在高雄永安轉入降落航道，這裡是阿公店溪附近的出海口，我在那裡眞正見識到什麼叫「初一、十五不一樣」。我第一次拍阿公店溪是橘黃色的，像黃河一樣，我以爲這是它原本的顏色，後來才知道這是附近工業區排放的廢水顏色，接著我每次飛阿公店溪，看到的顏色都不一樣，有時候是乳白色，有時候是鮮紅色。

多年前拍攝到的、橘黃色的阿公店溪。

通常拍河川全貌，飛機都會飛到較高的高度，是聞不到河川的味道的，唯獨二仁溪是個例外。這條溪的沿岸是養豬戶，所有大量養豬廢水排入河水中，在飛機上遠遠就聞得到臭味，是一條「風味獨特」的河川。

最令人驚豔的海岸風景——候鳥

海岸濕地常常可以拍到一些候鳥，印象中最有趣的經驗是拍攝黑面琵鷺。記得某次拍攝當天，我請飛行員幫忙一起尋找目標，卻一直找不到，我覺得非常奇怪，出發前我才向黑面琵鷺專家請教過，這位專家長年觀察黑面琵鷺，每天記錄有幾隻鳥在哪塊濕地覓食，那陣子是黑面琵鷺來台過冬的旺季，怎麼可能整片七股濕地連一隻都沒有呢？

我後來也要求助理幫忙找，很快發現遠遠就看到一整群，怎麼會沒有呢？我正要回頭怪飛行員眼力太差，話還沒說出口，飛行員就帶著一種恍然大悟的口吻反問：「什麼？黑面琵鷺不是黑色的嗎？怎麼會是白的？」我聽了忍不住笑出來，黑面琵鷺只有嘴部是呈黑色，其他的身體部分遠看就跟白鷺鷥差不多，因爲飛行高度的關係，距離較遠，牠們黑色的鳥嘴不明顯，因此不易辨認。若飛得近一些，可以看清楚鳥嘴，但黑面琵鷺極爲敏感，一點風吹草動就一哄而散，也拍不到好畫面，在空中尋找黑面琵鷺的工作得靠極佳的眼力。

美國電影《返家十萬里》（*Fly Away Home*）是根據眞實故事改編，講述一個加拿大人從加拿大帶著一群雁子飛到加州的一處野鳥保護區。這部電影運用了很多空中拍攝的鏡頭，其中大量出現的一種鏡頭是雁子與輕航機比翼飛行，或是鏡頭與雁子是平行的近距離拍攝。這在現實的自然環境下是不可能的，因爲鳥類天性會懼怕發出巨響的大型飛行體，所以不可能靠這麼近拍。那麼，那些鏡頭是怎麼拍成的？

我看了影片花絮才知道，這些雁子是從小由人工孵化豢養、而且跟著輕航機一起長大，平日就由輕航機代替母雁帶小雁飛行，雁子日復一日習慣輕航機的巨響，習慣輕航機的「陪飛」。最後，攝影師帶著攝影機在輕航機上，跟著雁子飛行，才能拍得到這麼近距離的鏡頭。

影片花絮把飛行器跟鳥類的關係拍得十分感人溫馨，但實際上，鳥類對飛行器是有危險的。像民航客機常遇到「鳥擊」，若鳥類捲入引擎造成損壞，嚴重時更可能引發空難。直升機也怕鳥擊，我曾遇過數次，第一次遇到時，聽到最前端的擋風玻璃發出巨響，我以爲是飛到軍事演習區，遭受到武力攻擊，心情非常緊張忐忑，還好飛行員立刻說明是鳥擊。嚴重的鳥擊會造成整片玻璃破裂，阻礙視線判讀，很容易造成飛行災難。

由於黑面琵鷺是保育類的鳥類，數量很少，我們很怕飛行的過程中，直升機的噪音會對牠們產生干擾，
所以大都會飛得比較高、比較遠去拍牠們。

台灣很少可以看到像秀姑巒溪如此大範圍的曲流景觀，也是我最喜歡的河川景觀之一。

不論美好與否，都應該記錄下來

候鳥是拍攝河川時最令人驚豔的生物，至於河川本身，我認為最美的是秀姑巒溪。它本身的河道蜿蜒，有獨特的曲線美感，拍起來特別好看，有時候飛得較低的時候，鏡頭還會被河面上的水花濺到。河水乾淨，汙染少，偶爾還會拍到泛舟的人群。鏡頭一路拍到出海口，整條溪的水流品質都很棒，景色也相當秀麗，是我最喜歡的河川之一。

阿美族人傳說，秀姑巒溪原本北接花蓮溪出海，但河裡出現一隻大鰻魚，把海岸山脈鑽破了一個洞，讓溪水從洞裡流到山脈附近的大港口出海。而在出海口還有一塊小沙洲叫奚卜蘭島，橫躺在中央，據說是阿美族祖先到台灣時落腳的地點，島上會定期舉行海祭，也發現了史前文化遺跡。在空中拍攝的時候，我常遙想，阿美族的祖先踏在沙洲上望向台灣島時，是看到了什麼？他們眼裡的台灣，跟現在有什麼不一樣？

台灣的河川多為荒溪型，河床大多時候是乾涸一片，石礫裸露，這也成了砂石業者的「財庫」，在河岸周圍大設砂石場。從空中看下去，這些採砂場醜陋得像是大地上的傷口，不斷化膿，看不到痊癒的一天。我一直很痛恨這種東西。拍了二十年下來，砂石場數量不曾減少。河川周邊一定都有，光是後龍溪的客屬大橋周邊就

有好幾個。

砂石場的利益龐大，常事涉地方政治結構關係，很多朋友也勸我不要拍這麼多砂石場，他們說，這些地方勢力不是你惹得起的。我並不是要當英雄，也不是爲了舉發他們才拍這些照片，而是，台灣這片土地上發生過美好的、不美好的事跡，都應該要被記錄下來，唯有被記錄，我們才有能力去理解人類對環境究竟產生了怎樣的影響，不管這個影響是好還是壞，我們都得去面對它，而不是假裝一切都沒發生，大家集體假裝沒看到。

苗栗後龍溪兩岸密布的砂石場。其實台灣砂石的產量是充沛的，但大都分布在東、南部，
為節省運費，中部、北部的廠商便就近在河川兩旁、甚至農田裡非法開採陸砂。

人定勝天？

河川的變化跟人有很大的關係。我從小在台北長大，高工時期還曾到基隆河截彎取直的工程單位實習過，以前基隆河的河道彎彎曲曲，時常淹水氾濫。隨著台北市人口日益龐大，人爲了與河爭地，將河道截彎取直，不僅避免淹水，也多了河道新生地，光土地的價値就有兩千億。我還記得現在的基河國宅一帶，以前全是基隆河的廢河道，是民國七十二年開始從關渡那邊接管抽沙來填平，慢慢回填出來的。

基隆河截彎取直之後，提供了更多土地利用的機會，但也加速了河川流速，
必須在河岸蓋很高的堤防，有形地限制了人與河流的接觸。

原本蜿蜒的基隆河常常會氾濫，也爲周邊土壤增加養分，河道間夾雜的濕地，也使得台北盆地的生物樣貌較爲多元。截彎後的土地利用價值高了，但暴雨過後，整個基隆河的雨水快速往下游排放，造成汐止一帶容易淹水。直到這幾年，員山子分洪工程完成，才解決了汐止的問題。所以，當我在基隆河沿岸看到一棟棟現代華麗的豪宅，常在腦子裡想著，這些號稱「河景第一排」的建築，又是花了多少人力和環境代價才得到的呢？

在台灣這個資源貧瘠的小島，人定勝天的意念彷彿深植每個人的DNA。這種精神不斷展現在台灣人與河川的關係中。好比，大甲溪在台灣是一條「充分被利用」的河川，因爲地勢陡斜，適合水力發電，因此從上游至下游，沿路就有六座水力發電廠，但也因爲地勢嚴峻，在九二一大地震之後，攔砂壩、發電廠全被砂石覆蓋。我從空中拍攝，只看得到幾片被埋在瓦礫堆裡的水泥塊，像是龐貝古城的遺跡。

大甲溪沿岸的電廠雖然在九二一時，受創嚴重，到了二〇〇四年，大多復原得差不多，只是來了一個敏督利颱風，又把一切打回原型。大部分的人爲建設，都在一夕之間全被摧毀。

二〇〇四年敏督利颱風之後，整條大甲溪受創嚴重。原本，那年我打算記錄整條高屏溪，但大甲溪突發嚴重災情，我直接將經費挪作拍攝大甲溪。

2004年敏督利颱風（七二水災）將谷關風景區淹沒的景象。
許多溫泉旅館都建在行水區，因此當大雨一來，便難逃災害。這其實是人類入侵了自然環境造成的後果。

敏督利七二水災之後，整個谷關被泡在水裡，那個畫面很有電影感，像是世界末日的災難場景。只是生活在這個充滿天災人禍的小島上，這些奇觀，看久了似乎人人也都麻痺了。幾年之後，我再回頭拍大甲溪，昔日那些倒塌的電廠又重新「站」了起來。

我對「人定勝天」的觀念，這些年來開始有些質疑。山林崩塌，其實需要的不是重建，而是休養生息，給大地一點時間，讓他們慢慢一步一步復原。然而，住在山上的人有各種原因，可能是基於文化族群的考量，可能是基於經濟問題的原因，他們得留在山上。一旦有人在山上，那些被大自然毀壞的人為建設，就勢必得進一步修補，否則中央與地方政府都會有民意壓力。

然而，大地休養得不夠時，再多的重建，都是一時的。只要下一場大雨，來一場中度地震，所有人為建設可能一夕之間又化為烏有。所以，我常會拍到溪谷中的攔沙壩，重建後沒多久，又被一場颱風填滿砂石，然後又重建，明年又滿……如此周而復始。這或許是人與自然之間的兩難，我至今沒有找到一個兩全其美的答案。

河的上游永遠是最美的

一條河，從上游一路往下游拍，上游永遠是最漂亮的。愈往人多的下游走，人

桃園台地上的埤塘原本曾達上萬個，是先民用來蓄水灌溉的方式，
但隨著土地利用價值提高，很多埤塘都被填平作為建地，消失的速度也愈來愈快。

工化的痕跡愈發明顯，像是不斷加高的河堤、濫挖的盜採砂石場、工廠廢水……一條河的展延，也體現了人類如何利用、侵擾了大自然環境。

與河流共生的還有許多湖泊，在桃園一帶常能拍到大大小小的埤塘，空中看起來就像是灑落在大地上一顆一顆的珍珠。這些大小池塘養育了許多生物，同時也具備調節河流蓄洪的功能。但隨著土地開發，桃竹一帶的埤塘數量日益減少。除此之外，南投的日月潭這幾年也變化得很快，岸邊無節制的旅館雨後春筍般地聳立，湖邊碼頭全是遊艇，從高空中看去，似乎就能感受到日月潭這幾年快速變遷的命運。也許，湖邊的商家賺了不少錢，但自然環境卻沒得到任何好處。

快速商業化的日月潭，漸漸失去了原有的靈氣。

颱風過後德基水庫（大甲溪）蓄積的大量漂流木。

人對自然環境的侵擾通常會在颱風過後付出代價。像是土石流，還有水庫的嚴重淤積。我曾多次在水庫上游拍到被大雨沖刷下來的漂流林木，擠滿了大半個水庫。仔細看這些漂流木是有蹊蹺的，從空中往下看，大部分的漂流木是被雨水自然沖刷到下游，但有些粗大的木料，切口十分整齊，這絕不會是自然界的漂流木，應該是山老鼠在山林裡盜採，來不及運下山，一場大雨，全沖到了水庫。

八八風災後的大量漂流木堆積在高屏溪的出海口，部分漂流木甚至漂流到澎湖海域。

Chapter

3 海

風平浪靜下的暗潮

我過去以為「美美」的照片，拍攝的內容竟然都是環境破壞的寫照。我從一個客觀的拍攝者，開始也去了解被我拍攝的景物。而了解得愈多，愈會相信，這個世界表面上是一片寧靜的海洋，其實水面下是充滿暗潮，波濤洶湧。

雜誌攝影工作看似光鮮，實際上作息日夜顛倒，收入也不是那麼穩定。通常黃昏的光線較適合控制色溫，我下半天才開始工作，做到晚上收工，大家一起去吃個消夜，回到家已經是凌晨，接著一睡到近午才起床。我來自公務員家庭，這樣的作息看在爸媽的眼裡，自然是很礙眼。

一九九〇年，一方面覺得工作待遇欠佳，一方面也是家人希望我找個穩定一點的工作，於是我就去考公務人員，進了公家機構做行政工作。那時，我遇到人生中的一位貴人：歐晉德先生，他是當時的國工局局長，他問我對土木工程有興趣嗎？我老實回答他：「我現在也還不太清楚。」他問我喜歡什麼？我說拍照。他只告訴我：「要專心做自己喜歡的事。」

遇見生命中的貴人

那個年代，拍照的技術門檻高，快門、光圈、焦距都要有好的攝影觀念才行，不像現在自動一按就完成，所以在公務部門裡會拍照的人不多，我有拍照的「民間專長」，於是被歐先生指派去拍各種照片，比如公開典禮的儀式合照，或是各種單位辦的活動照。

除此之外，歐先生還引進了記錄工程施工的概念，我便負責拍了很多高速公路興建過程的記錄照片。九〇年代剛好是北二高興建，那時候已經開始有生態環保概念，大家討論最多的是，公共工程如何與自然景觀融合，而不是成爲突兀的存在。若你仔細觀察的話，還會發現北二高的橋梁墩座較少，當一座橋的橋墩愈多，對河床或山谷的干擾就愈大，所以北二高設計的墩座已大幅減少。

這個看似簡單的決定，不過是一座橋少幾個支撐的墩座而已，事實上卻需要耗費很多成本和工程技術才辦得到。這也是工程與環境關係的一種進步。

（上）記錄工程興建過程時，礙於經費無法經常租用直升機，便必須找制高點拍攝。

（下）在公職服務期間，常被指派去拍各種視察參訪活動照片。

爲了拍攝這些工程，國工局每年還會租用直升機，這也是我最期待的時刻。不過，礙於經費問題，大多時候還是靠現場找制高點拍攝。而一片平坦廣闊的交流道怎麼會有制高點呢？我常常爲這個問題傷透腦筋。北台灣唯有三鶯交流道附近的鳶山，有極佳的視野，風景甚好，每次爬到這個地點時，我的心情就很好，臨高俯視，宛如在天飛翔。

當年每季上飛機記錄高速公路興建過程的工作，一拍就拍到離職，每回拍完下來就跟局長報告有什麼沒拍到。當時他給了我一個啓發，他不只要我拍硬邦邦的記錄照片，還要我「融入美學精神」。他對工程有極大的熱情，想要拍出美麗的高速公路，甚至是建高速公路的工人在太陽下揮汗勞動，他都認爲是值得記錄的事。

因此，我會在晨曦或傍晚爬上制高點，架腳架拍攝高速公路車流的光線軌跡，也拍高速公路周邊的山、河、民宅聚落，愈拍愈多之後，開始覺得光拍工程照，已經不能滿足我了。

只要有機會，一定上飛機

也因爲拍攝的工作，我跟直升機航空公司的人有了交情，他們知道我喜歡拍，常會主動接一些案子委由我拍攝，而接案除了拍案主要的題材，我也會在飛行途中見到什麼就拍什麼，不放過任何一個機會。

上飛機的時間非常昂貴，我很珍惜每一分每一秒，只要在機上，不管環境如何惡劣、身體多麼疲累，我一定是睜著眼睛盯著四處看，像隻老鷹在尋找獵物。我第一喜歡的是飛行，第二喜歡的是按快門，而這一切最大的成就感就是在沖洗照片時，透過燈箱看底片，底片上面一層層彩色的立體藥膜交織在眼前，當看到極佳的構圖、成功的曝光顏色，心中的喜悅簡直滿溢到不可言喻。

在空中拍照眞的是「時間就是金錢」，所以我常要在幾秒鐘之內選擇要取什麼樣的景、決定如何構圖。飛機上的噪音很大，吵得人幾乎無法專心，得戴著耳機，同時得跟飛行員溝通飛行的方向，眼睛還要尋找哪裡有你要拍的特殊景物，決定要不要拍就只有幾秒的時間，飛機一飛過去就過去了，不見得有時間回頭。我不僅一心要多用，而且必須在瞬間做許多決定。有些跟拍的工作人員常常一上機就暈機吐得七葷八素，要不然就是飛機晃動厲害，連攝影機都握不穩，我經常要接手協助他們拍攝。

這個時期，我也斷斷續續攢些錢自力出機拍攝。跟直升機公司搭配久了，他們也知道我沒什麼錢，只是空有熱情，因此除了會幫我安排一些案子，讓我有機會上飛機拍照，有時他們出飛行任務，也會詢問我要不要去拍。不管天涯海角，只要有機會，我就一定跟到底。

在玉山主峰及北峰執行工程吊掛及運補作業的直升機。當年只要有機會，我一定會跟上飛機去出任務。

五花八門的飛行任務

這些飛行的任務五花八門，有的是貨物吊掛工程，像是高山上有難以到達的氣象站，補給物資靠的就是直升機；有的是林務局巡山監視濫墾開發的任務，還有高山國家公園的避難山屋、吊橋的興建工程。我和他們配合的方式是，只要他們出任務，看他們在何地出任務，我立刻請假趕過去。比如任務在台東飛，我就一早趕到台東豐年機場，等他們的飛機。一個任務大多半天結束，我再搭客機回台北上班。

合作久了，也漸漸懂得如何告訴飛行員拍攝的需求，像是一般人可能不知道，直升機不僅可以往前飛，也能往後飛，所以在找拍攝角度時，你可以告訴飛行員稍微後退一點，更能精準掌握角度。此外，坐在機艙門口，相機無法與地面垂直拍攝，很多人也不知道，其實直升機可以水平傾斜角度，讓人的鏡頭與地面呈平行，能拍到更全面的角度。

過去在公務部門，懂拍照的人少，能在飛機上拍的人更少。所以，偶爾有什麼「奇怪」的任務出現，就會落到我頭上。一九九八年二月的早上，還下著毛毛細雨，我突然接到長官指示的任務，是民航局委託過來的，地點在大園，目的是要拍大園空難的飛機殘骸和現場撞擊點，作爲日後鑑定報告的參考。

接到這個任務，心裡一開始是充滿了即將置身新聞前線的熱血感，但一到現場，看到血肉模糊的場面、滿目瘡痍的機體碎片和焦黑起火的民房，真的很難過，我在高空中，看到地面上的救難人員，拿著袋子一處一處撿拾屍塊。至今想起來，仍心有餘悸。

不過，說起來最奇特的經驗，應該是搭了「安寧專機」。很多離島居民因病在台灣就醫，常常在臨終的一刻還是會選擇要回鄉斷氣，這是中國傳統「落葉歸根」的習俗，而直升機公司也有這樣的業務。有一天，我接到直升機公司的電話，說是有一個任務在澎湖，問我要不要去。飛澎湖這種離島，機會很難得，不是常常有，我當然馬上答應。他們的任務是從台灣飛到澎湖馬公後，再空機返回台灣。我立刻買了到馬公的機票，在那裡等他們完成任務。

1998年發生的大園空難，首次親眼目睹如此嚴重的意外事故，
內心的震撼與恐懼至今難忘。

通常送臨終病人回家，機組人員都會拿到一個紅包討吉利，我是搭回程的順風機，所以沒有紅包拿。若問我會不會因此覺得害怕？我倒是從沒這樣想過，也不忌諱這種事。也許，拍照的熱情已經勝過任何事了，只要能飛上天空，這一點小事都不算什麼禁忌了。

美麗的照片，透露了我的價值觀

我拍下來的這些照片，偶爾會拿去參加一些比賽，因爲從高空中拍照的人本來就不多，作品的視角特殊，所以也得了不少獎，這些獎金我全投入去買器材和付飛行費用。拿出來比賽的照片都只是少數中的少數，這些年來，我拍掉的底片不計其數，數量龐大到難以整理，我常常見到一個景，就想到：啊，這個地方我拍過。但若要我回去把照片翻出來，那肯定要花很大的工夫，所以底片數位化的工作已刻不容緩了，但那又是一筆無法想像的龐大經費。

我也跟大部分攝影玩家一樣，拍照都想拍好看、美好的照片，講求構圖，講求光線。我們並沒有太在乎被拍攝的物件，到底發生什麼事。當我拿起相機時，我總會自動去避開那些「不愉快」的部分，好比拍出海口，我只想拍漂亮的沙灘、美麗的浪花。

後來發現，這種追求美麗景物與構圖的偏好，其實是一種對現實的逃避，不願意去相信現實的醜陋，所以下意識抗拒拍那些人爲破壞的景色。我覺得這跟我來自公務員家庭有關，我們從小就相信政府宣傳的：人定勝天、大有爲政府的概念，從來沒有想過去質疑什麼。世界對我來說，就是一片平靜的大海，風平浪靜。

一個作品通常就反映作者所信仰的事物，也傳達了作者的美學觀念，而作者的美學標準又來自他的信仰。我始終相信作品是騙不了人的，它們都隱隱透露了作者所信仰的價值。回頭看我這些作品，我只拍美好的事物，隱約也代表了我覺得這個世界本該就是充滿美好事物、有秩序的狀態。

空拍工作的轉折

整個空拍工作的轉折發生在一九九八年，《大地地理雜誌》副總編輯黃烈文輾轉得知我拍了許多空拍照，知道我有大量的空拍照片卻沒有發表，約了到我家裡看照片。他看了之後非常驚訝，沒想到台灣有人拍了這麼大量的空拍照，也給了我很多拍照上的建議。我當時是一個業餘者，拍攝的作品還是帶著「工程記錄」式較硬的風格，在烈文的建議下，我開始思考用更多活潑的角度空拍，讓一張照片不僅是記錄，還能充滿各種故事。

從事攝影工作的人，基本上都是喜愛記錄美麗的影像，我也不例外。高山上的雪景，就是我覺得最美的影像之一。

一九九九年的九二一大地震，災後兩天，《大地地理雜誌》租用了直升機讓我進災區空拍，這是我第一次拍攝巨大天災，空中看到九份二山崩落，還有房子橫躺在大地上，那種視覺經驗對我非常震撼，我第一次見到，原來自然界的破壞力如此強大。當期《大地地理雜誌》的專題封面照片，便是我的空拍照，我因而開始意識到，我的照片不再只是鎖在櫃子裡，看到的人好像愈來愈多了。

（上）2004年與黃烈文攝於《大地地理雜誌》舉辦的「上天下地看台灣」大型展覽會場。

（下）2004年獲得第一屆「Keep Walking」夢想資助計畫，接受主辦單位的祝賀。

因爲歐晉德先生與黃烈文的推薦，我參加了第一屆「Keep Walking」夢想資助計畫的甄選，得到了一百萬元的獎助。當時拍攝了敏督利颱風大甲溪的災後景象，之後照片還在各地展出，並接受了幾個電視節目的採訪。這個計畫對我的鼓勵很大，我開始感受到，原來我做的事是一件大家都覺得很重要的事，我得到了很多的肯定，拍照不再只是拍完之後，就把照片鎖到防潮櫃裡，我拍的作品是很多人感興趣的，這對我的信心是一大鼓舞。

我常想起歐晉德先生對我說過：「專心做自己喜歡的事。」我在工程單位是相對非主流的拍照記錄者，但他也鼓勵我，只要不斷地拍，拍個十年、二十年，這些照片就有了歷史意義。當我得到這些人的肯定時，總是會想起歐先生說的這些話。

當年《大地地理雜誌》做專題時，常常來跟我調照片。空拍照是一種需要導讀的照片，比如他們要高山上的農業照片，我就找梨山上的果園照給他們；他們要岸邊漁業，我就找沿海的魚塭照，密布魚塭的幾何構圖，拍起來非常漂亮。我並不清楚他們的報導方向，等照片出刊時，才知道我過去以爲「美美」的照片，拍攝的內容竟然都是環境破壞的寫照：高山農業破壞水土保持，魚塭抽地下水是地盤下陷的元凶。

魚塭密布所形成的幾何構圖非常美麗，實際上卻是造成地層下陷的主要原因。這是過去只想拍美麗照片的我所不曾理解的。

從單純的拍攝者，變成疼惜土地的記錄者

這些事對我的觀點影響很大，我從一個客觀的拍攝者，開始也去了解，被我拍攝的景物，到底發生了什麼事？這樣的樣貌是從何而來、又將從何而去？我不再只是一個單純的拍攝者。而了解得愈多，愈會相信，這個世界表面上是一片寧靜的海洋，其實水面下是充滿暗潮，波濤洶湧。

在九〇年代末期，我的照片大量在《大地地理雜誌》上發表，對我來說，這不只是一個單純的發表管道而已，同時我也在這些發表過程中得到許多關於環境的知識。我不再只是一個拍了照片、想找地方發表的攝影玩家而已。當你對土地的知識愈豐富，你就愈無法坐視環境一步一步惡化。

對我來說，此後最顯而易見的改變是，我不再一味追求拍攝美麗的照片，我的心情多了一份疼惜土地、記錄土地的動機。當然，所有攝影者都愛美麗的照片，我還是會拍美麗的照片，但同時，我也會另外拍一張美景與醜陋的人造設施共置在同一畫面的照片。讓美麗的與缺憾的，同時存在一個空間，這是眞實的世界，也是眞實的人生。

花蓮和平溪的出海口原本是塊非常漂亮的河口沖積扇地形，
政府為了發展東部水泥產業，在左半邊建了一個水泥專用港，
於是形成了如此自然與人工化強烈對照的景象。

二○○七年，我在報紙上看到報導，說澎湖群島原來只知由六十四個島組成，近日調查發現其實應該是九十個島。我看了報導很興奮，決定要前往一探究竟，這些多出來的島是什麼模樣？拍離島、拍海洋花費很高，因爲距離遠，飛機搭一趟到離島，飛到當地什麼都還沒拍，可能就要燒掉幾十萬元了。正當我在爲錢煩惱的同時，我的一份保險剛好到期，我也不管家人的反對，直接把一百萬的保險金領了出來，當成拍攝澎湖群島的基金。

興奮拍攝新發現的澎湖群島

錢到位了，接下來就缺新地圖了。因爲這是新發布的消息，市面上找不到標出新發現的島嶼位置的地圖，我打電話到澎湖地政局問，一開始他們覺得奇怪，不懂我是要幹嘛？等我說明清楚之後，地政局也很樂意把九十個島嶼的座標給我。有了錢和座標，一切就緒，怎知第一天到了澎湖，卻找不到這些座標點的小島！

原來，海有漲潮退潮，這些新發現的小島，一漲潮就只露出一個小礁岩或根本就淹沒在海裡，在空中不易察覺。於是我當天退潮時又再去了一次，終於看到了這些島。澎湖群島分北海與南海，北海的小島較爲密集，這天天候好，我們趕著天光，拍了不少。可惜第二天到南海，島與島的位置較遠，加上天候不好，拍得不是很滿意。於是隔年夏天，我又再回去拍一次，補足沒拍好的遺憾。

拍完照片之後，我還請當地耆老去認這些島，講一些關於這些島的故事，發現地政局標示的島名，和當地人使用的名字，有些落差，所以辨認上花了一些時間。澎湖除了馬公較爲繁榮之外，其他的島大多低度開發，美麗極了，像是雞善嶼、姑婆嶼……二〇〇九年中研院的海洋專家，原本要研究澎湖海域冬天大量死亡的魚群，結果潛入海裡後，意外發現澎湖海底下有「海底城堡」之稱的龐大海底玄武岩。

澎湖有很多低度開發的島嶼，拍起來美麗極了。

「浮出海面」的「海底城堡」，其實是因退潮而出現的海中玄武岩柱狀結晶石，非常壯觀。

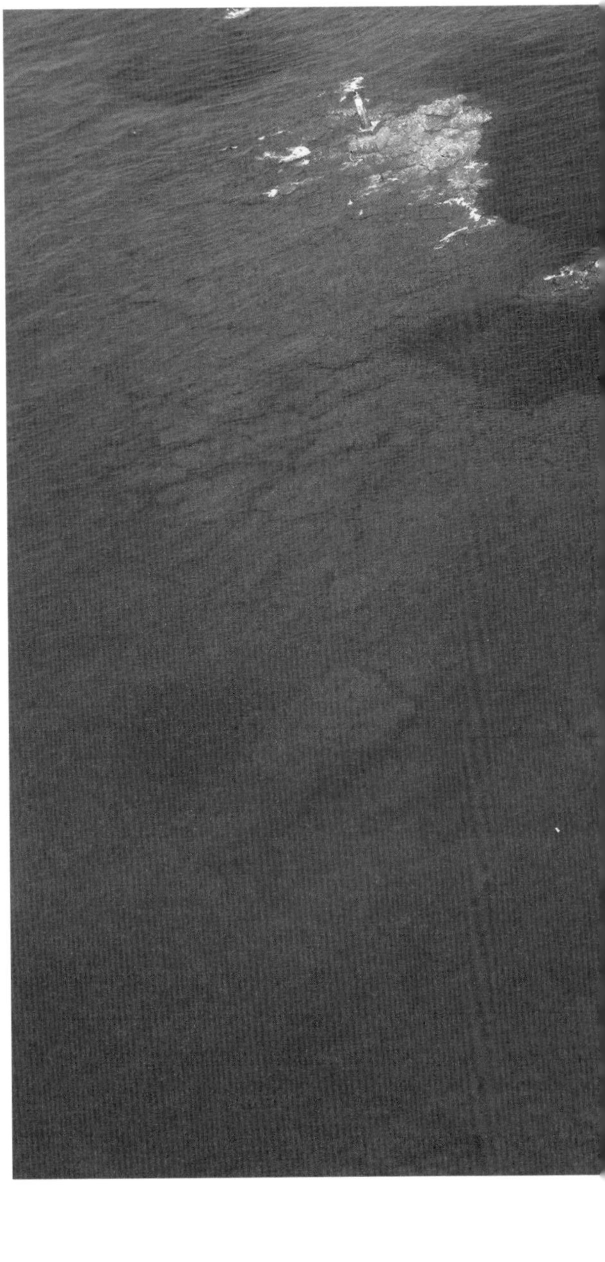

所謂的「海底城堡」是澎湖的玄武岩柱狀結晶石，沉在海底，看起來像宮廷城堡，綿延兩百公尺，高達十公尺。事實上在中研院發現之前，我那次拍攝澎湖，也拍到了「海底城堡」，只是這個城堡是在海面上，因爲退潮的關係，一個個的玄武岩就聳立在退潮的岩盤上。

而這些照片，也從未正式發表，還鎖在我的底片防潮櫃裡。

台灣岬角的共同命運

看到像澎湖這樣的美景，我就會再次想起，阿美族人的祖先漂流到秀姑巒溪口時，看到的原始台灣是什麼樣貌？以前沒有建設開發的時候，整個台灣應該是絕美的島嶼。我去新加坡做電影音樂後製時，飛機降落前會看到馬來西亞附近的小島，每個小島都很單純很簡單，沒有堤防和消波塊。我相信，很多地方本來並非如此醜陋，是人類的開發讓它們變醜。

像是台灣的三貂角，爲什麼叫三貂角？是西班牙語「聖地牙哥」的譯音，意指突出的岬角。世界各地有很多叫「聖地牙哥」的地名，都是岬角的意思。三貂角則是西班牙人在一六二六年從菲律賓北上航行的路上，在航海日誌上記錄了這個不知名的岬角。

這個岬角是雪山山脈向北的延伸，位居台灣最東端。日本殖民期間，因日本商船多次在附近海域發生船難，因此殖民政府於一九三五年在此興建燈塔，燈塔內的燈泡材質是特別製作進口的水晶，燈塔面向太平洋，有台灣的眼睛之稱。

但在台灣，峽角地形共通的命運就是開發：建港口、挖池養九孔，一切人工化之後，自然景致就被破壞了。

三貂角岬角旁的海岸都已被開發成九孔養殖池。

與海爭地的蚵田與蚵架

台灣人很聰明，與海爭地，也與海共生。像是養蚵，最大的養殖地在東石，因爲外海有外傘頂洲，有沙洲阻擋了大浪，所以水平面比較平靜。看到這麼大片蚵架，最直接的情緒反應眞的是會感動，驚嘆是什麼力量，能夠造就這麼大片的人工景觀。

有陣子，我很喜歡拍蚵田，因爲呈現的幾何圖形很漂亮，在大鵬灣、布袋、東石、將軍，還有曾文溪出海口都有。那裡是河海交會處，人們在海裡養蚵，海洋蚵個頭小，肉緊實；河蚵則較肥，煮了之後會縮小。而在河口養的蚵，因爲吸多了淡水，所以個頭較大，市場的賣相好。賣蚵人把蚵挑出來後，通常會泡在水裡，蚵會吸滿水，賣相就比較好。這也是我聽當地人說的。

我對蚵田很好奇，曾經搭舢舨跟著漁人一起駛進蚵架間。我納悶，蚵田這麼多，他們怎麼認得出來哪個蚵田是自己的？原來上面有做記號。曾經有個養蚵阿嬤的蚵常常被偷，阿嬤就決定自己找凶手。怎麼找呢？一般養蚵，會用繩子把蚵殼串起來，別人是一串蚵殼上面綁一個結，她則是綁了兩個結做記號。等她的蚵仔被偷之後，她就去別人家挖完蚵仔的蚵殼堆裡翻找，果眞找到她的特殊結蚵串，也就因此找到了小偷。

大片的蚵架（棚）養殖產業，是台灣西南部海岸常見的景象。

台灣西部海岸，平均每五到七公里就有一個水泥港口，美麗的海岸線也因而消失。

消失中的美麗海岸

除了蚵架之外，海岸最大宗的人工設施是各種港口。我常帶孩子去東北角玩，那裡的海岸都很漂亮，但飛上空中時會發現海岸線都因爲建築公路而被切割了，已經不是純粹的自然海岸。在地面看到漁船進進出出，感覺很可愛，很有漁鄉風情；可是一上空中，卻發現港口密度很高，像是基隆，從海洋大學一路到八斗子，就有好幾個港口。在西部海岸，平均五到七公里就有一個漁港，有些是自然海灣，就被利用蓋成漁港，而大多數的漁港裡面卻沒停幾艘船。

宜蘭蘇澳烏岩角

這些漁港到底爲漁人們帶來多少謀生的功能，可能尙有令人質疑之處。一九六〇年代，台灣政府積極在各漁村興建小漁港做爲「政績」，一九八〇年代更進一步推動三期的「台灣地區漁港建設方案」，使小小的台灣已擠滿兩百多個漁港。不過，政府卻沒有完善的漁業政策，也沒有對漁場有永續經營的概念，放任濫捕。時至今日，漁源枯竭，漁港愈蓋愈大，魚卻愈變愈小，漁村蕭條，漁民轉業，徒留空盪盪的漁港。

說起來，台灣就是一個被水泥禁錮的島，消波塊、公路、水泥、港口，占去不少海岸，所以才會有很多人反對在阿塱壹蓋公路，因爲現在已經很難找到一條完整的天然海岸線了。我有空也會帶小孩去海邊，也有一艘海洋獨木舟，龍洞是我常去的海域，有時候也會到乾淨的河川上游，悠閒地划船。每當此時，我總是不禁想著：我兒子長大後，如果像現在這樣在海邊划獨木舟，是不是再也見不到這些美麗的海岸了？

離島拍攝竟遭調查

台灣周遭所有海域我都大多都拍過。我還曾經因爲拍金門，被金防部以「違反要塞堡壘地帶法」移送到國安局調查。

金門國家公園開放拍攝前，是無法到金門進行空拍的。
圖為金門的閩南式建築傳統聚落，可見早年人文薈萃的繁榮景象。

那次是營建署國家公園委託拍攝的計畫，事先也得到國防部的許可，內容就是拍攝整個金門海岸線和金門的美景。現今的金門幾乎已經全部觀光化了，包括碉堡都是戰地風光、吸引遊客的景點。台灣的水泥化是在海岸邊丟消波塊，但金門不一樣，他們也水泥化，但是在沿岸的大岩石上蓋一個碉堡。

不過，觀光化的金門仍有某種程度的敏感性，當我拍完片的時候，也許是聯絡上出了什麼問題，明明國防部許可的拍攝，金防部卻要求我交出片子給他們檢查。這趟飛行光飛機的費用就花了一百萬，我怕交出片子之後，片子有損傷或是再也拿不回來，因此當場拒絕了。

回台灣之後不久，我竟收到國安局的調查通知。後來我跟相關單位做了說明，也提出金門國家公園委託和國防部的公文，才免去一場糾紛。

但也不是每個離島的管制都很嚴格，像是同屬軍事陣地的馬祖就沒那麼嚴格。馬祖的連江縣政府爲了照顧離島地區人民，各島間都有航班。我搭飛機就坐在窗邊，機上有一個特殊小窗戶，可以把相機伸出去，也是我得以空拍馬祖的機會。

空拍在早年是一件很「敏感」的事，二十年前拍的時候，還有監拍官，會在一旁告訴你哪邊有東西不能拍，像是飛彈基地、明顯的大營區、軍事機場，如果拍到了，他會在事後審查時剪去底片。

台灣的國土測繪工作是由林務局所轄的航空測量所每年固定空拍，飛機飛在

馬祖東引燈塔

同一個高度，用固定比例焦距的鏡頭，每張照片重疊三分之一，有比例尺，角度是水平拍，拍出來就像地圖一樣。這種航照圖一般人也可以買到，圖片裡若有敏感的軍事地點就會被塗黑或挖掉一整塊，但現在衛星影像被普遍運用，都很方便了。這些照片有很多功能，因爲航照圖是每年出版，於是功用之一，就是可以用來判別違建，若要證明建築物是不是民國八十八年前就存在的，可以去買民國八十八年以前的航照圖，就可以明確的判讀了。

拍海的驚喜

拍海驚喜很多，有時光線來得巧妙時，跟海浪搭配起來，眞的很美，尤其是鵝鑾鼻阿塱壹那一帶，非常漂亮。因爲國土爭議問題，我沒拍過釣魚台，但有拍過基隆北方三島：花瓶嶼、棉花嶼、彭佳嶼，都是火山岩島，這些島非常小巧可愛，彭佳嶼上有駐軍，其他島嶼都沒人住。而拍外海最大的不同就是距離遠，有時在機上遇上天候不好，沒辦法拍，就會想著這一趟的每分每秒，像是鈔票在眼前被火一張一張燒掉了。

我早期空拍隨直升機公司出任務時，不能選時間，通常什麼時間人家出任務就跟著去。我偏愛清晨或黃昏去拍，那時的光線比較沒那麼銳利，比較柔和，反射在

鵝鑾鼻

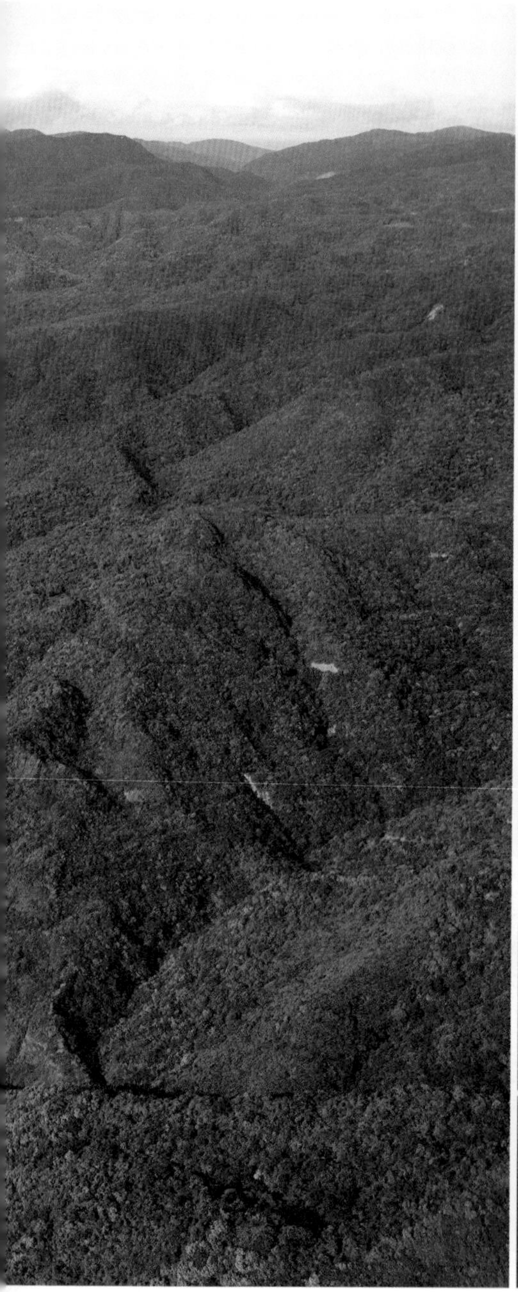

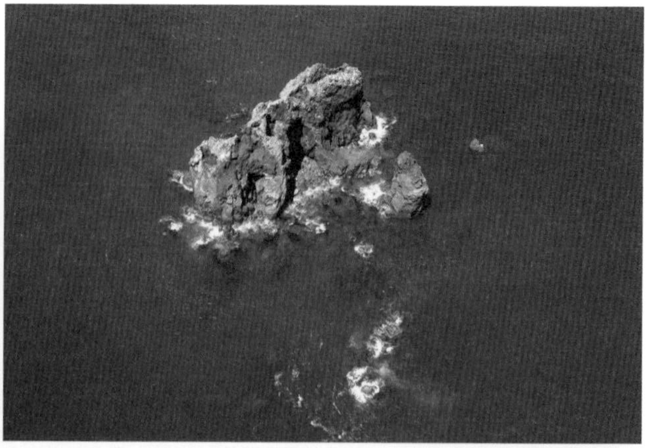

基隆北方三島。由上至下依序為花瓶嶼、彭佳嶼、棉花嶼。

阿塱壹。台灣沿岸已不易見到如此長而美麗的天然海岸線了。

海面上的浪花會比較好看。早一點去的話，就要去繞，去找對的角度和光線。主要是拍海岸線和海之間的關係。我在拍的時候會先刻意避掉人爲設施，讓一張照片很完美，但也會讓完美的遺憾留下來。比如一個海岸，一邊有漁港、一邊有消坡塊，我會先拍一張避掉人工設施的，再拍一張所有人工設施都在畫面裡的。

墾丁國家公園是一個很矛盾的地方，國家公園應該要有遊客人數控管，可是墾丁又是南台灣重要的觀光景點，沒辦法阻止人潮，所以，我在南灣拍到戲水的人群，有時還會拍到水上摩托車，在海平面上畫出白花花的浪紋。一般人習以爲常的水上摩托車，其實也是侵擾自然的元凶之一，嚴重一點是破壞珊瑚礁，輕微一點的，就是驚擾了魚群，讓魚群不敢靠近海域，造成附近海域的生態不平衡。而國家公園的「保育」，現在只能在鵝鑾鼻、龍坑一帶的地方盡量去做了。

很難兼顧環保與觀光需求的墾丁海岸。
畫面左邊還有小型賽車場，其實都並不適合出現在國家公園區域內。

Chapter

4 城市

活在被包覆的世界，甘心嗎？

居住在城市裡的我，多年來拍攝各種主題，其實都是不斷呼應「家」這個概念。我們希望有一個怎樣的家，便會有一個相對應的城市樣貌。城市裡的各種樣貌，則反映了人們對這塊土地的價值觀。

我的生活範圍大都在城市裡，公務員的日子過得算是穩定。現在的城市生活像是一個安全的網絡，把個人包覆其中，隔絕了自然，看不見災害，看不見破壞。如果選擇一輩子躲在城市裡，不往外探索，人很容易有種錯覺，覺得世界十分安全美好，沒有任何問題需要解決。

超市買得到任何你想吃的農產品，天氣熱就開冷氣，假日就到大安森林公園和建國花市逛逛，接觸一下所謂的「大自然」。人生也可以選擇最穩當的路，選擇什麼都不去看、不去想，日復一日地工作，等待退休的那一天，領著一筆錢，好好度過餘生。

我也可以選擇那樣做，但空拍好像是一條不歸路，因爲空拍，我把視線伸展到了城市之外，看見了大自然，看見了土地，也看見了破壞。其中當然也是充滿了無力感，想爲這塊土地做點什麼，也許就是這個念頭一直驅使我往前進。

退休前三年的人生大賭注

四十七歲前後，我做了一個人生中的大賭注。我工作的單位長官很通融我對空拍的熱情，我常常上午臨時請假到外地空拍，下午再趕回台北上班，再過三年，我就能退休。我一直告訴自己，沒關係，再等一等，等個三年，有了退休金，時間也多了，要做什麼都有餘裕。

但是，我等不及了。

這個決定我想了很久。空拍二十多年了，按相機的快門已經無法滿足我。一開始，我是在NHK和BBC看到HD的空拍影片，感覺相當震撼，於是我開始動念做更具挑戰性的動態拍攝。常在好萊塢電影中看到空拍壯觀的城市景色，我也想拍這樣的影像，但那必須用一種特殊的拍攝機器，不是隨便一部攝影機扛上飛機就能拍。機上震動嚴重，一般攝影機都會因爲震動搖晃造成影像畫面抖動，這部美製的Cineflex 攝影系統有內建的陀螺儀穩定器，可以抵抗震動、提供穩定平順的畫質，但要價兩千多萬台幣（當時美金兌換台幣匯率約一比三十三），我一個小小的公務員，要擠出這些錢非常不容易，只能靠房子貸款和友人借款籌錢。

我在二○○九年夏天，曾經跟美國的代理商租借這部空中攝影系統拍攝，但租借的日期有限，若遇到天候不佳，能拍的天數十分少，因此決定還是要自己買一部，才能專心拍攝。我的攝影系統是全球第一百六十八部，在美國、

我和我心愛的、得來不易的 Cineflex 空拍攝影機。

Cineflex 攝影機的鏡頭，必須固定在直升機鼻下方。這是真實的畫面，不是合成的喔！

日本、法國的電視台都有這樣的機器，像NHK、BBC及法國公視都有空拍的HD節目，我們看到美國高空拍攝高速公路上警匪追逐的新聞畫面，也是用這種攝影系統拍的。近年來幾次的奧運開幕也運用到這部機器的空拍功能，更不用說好萊塢在電影上的運用。空拍有各種商業化的可能，而在台灣，我想只是一個小小的開始而已。

此外，我一直認為，任何創作者都有年限，創作的高峰若沒有好好把握，過去了就是過去了，再也不會回頭。四十七歲的我，已經習慣高空拍攝的各種狀況，相機運用也嫻熟到一個程度了。全台灣各處的高空，我大多拍過，一樣的地點，一拍再拍，只是角度的不同，對我來說已經不夠。

很多人問，再等三年，難道三年眞的等不下去嗎？長年拍照用眼，還有高空飛行的疲累，我已經意識到體力開始走下坡的事實。比如，以前飛一整天都不會累，現在飛三個小時，背就痠，腿就麻。我的眼睛也開始出現些微的老花眼現象。我不知道，三年後我還有沒有體力去執行動態拍攝的工作。

我也考慮過另一個折衷的方式：辦理留職停薪去拍片子，拍完再回來把工作的年限做完，剛好可以退休。不過，拍片是一項長遠而不確定的計畫，留職停薪的年限有限，萬一我沒在年限內把片子拍完，那要怎麼辦？最後，我還是放棄這個選項。

這項決定，我前後考慮了一年，在只剩三年退休的時間點上，我選擇離職了，因此拿不到任何的退休金。會做這個決定，除了擔心創作能力和體能退化，無法應付龐大的拍攝工作，另一個考量是，三年後，五十歲了，多三年的安逸生活，我還有沒有轉換去拍動態影像的勇氣？這是一個資金、人員都缺乏的計畫，除了對夢想的堅持之外，還要有破釜沉舟的勇氣。

而眞正臨門一腳，讓我痛下決心的原因是莫拉克颱風（八八風災）。

臨門一腳：令人震驚心痛的八八風災

二十年來，我拍過各種災難的現場，九二一地震、桃芝颱風、敏督利颱風……對於災難的影像，我已見怪不怪。直到二〇〇九年的莫拉克颱風（八八風災），在災變後直升機許可飛行的第一天，我就租機進入災區，那景象讓我嚇到了——我以前拍攝的土石流崩塌規模，不過是八八風災目擊規模的一丁點而已。

小林村的走山處，其實不算是「大規模」，只因爲是聚落集居處，而造成嚴重傷亡，但嘉義、高雄、屏東及台東山區許多原始的山林，坍塌走山規模卻是小林村獻肚山的好幾倍，滿山的黃土像是戰爭過後的景象。這些崩塌的山區都是日後的地質敏感地帶，只要再多一點降雨，或是稍大的地震，土石就會更嚴重崩落。

由於氣候的極端異常，發生不可預期災害的可能性愈來愈高，加上人類對山林土地的超限利用，更容易造成極大的危險。（圖為莫拉克颱風之後的高雄六龜）

看到這樣的景象，我心痛不已。我深深覺得，這樣的記錄工作不快點做，可能以後也就來不及做了。我們只記得災難來臨的慘烈狀況，卻從未從頭去細究，何以災難會發生？我覺得，記錄工作的意義不僅是單純記錄台灣這片土地的景色、樣貌，還能進一步去觀察和警戒環境災難。

我在風災過後就飛進災區拍攝，記得以前只要一小條黃色的土石流，新聞就會不停地播報，但在八八風災的區域，我看到的是成片黃色崩落的泥地，像是大地流血的傷口。

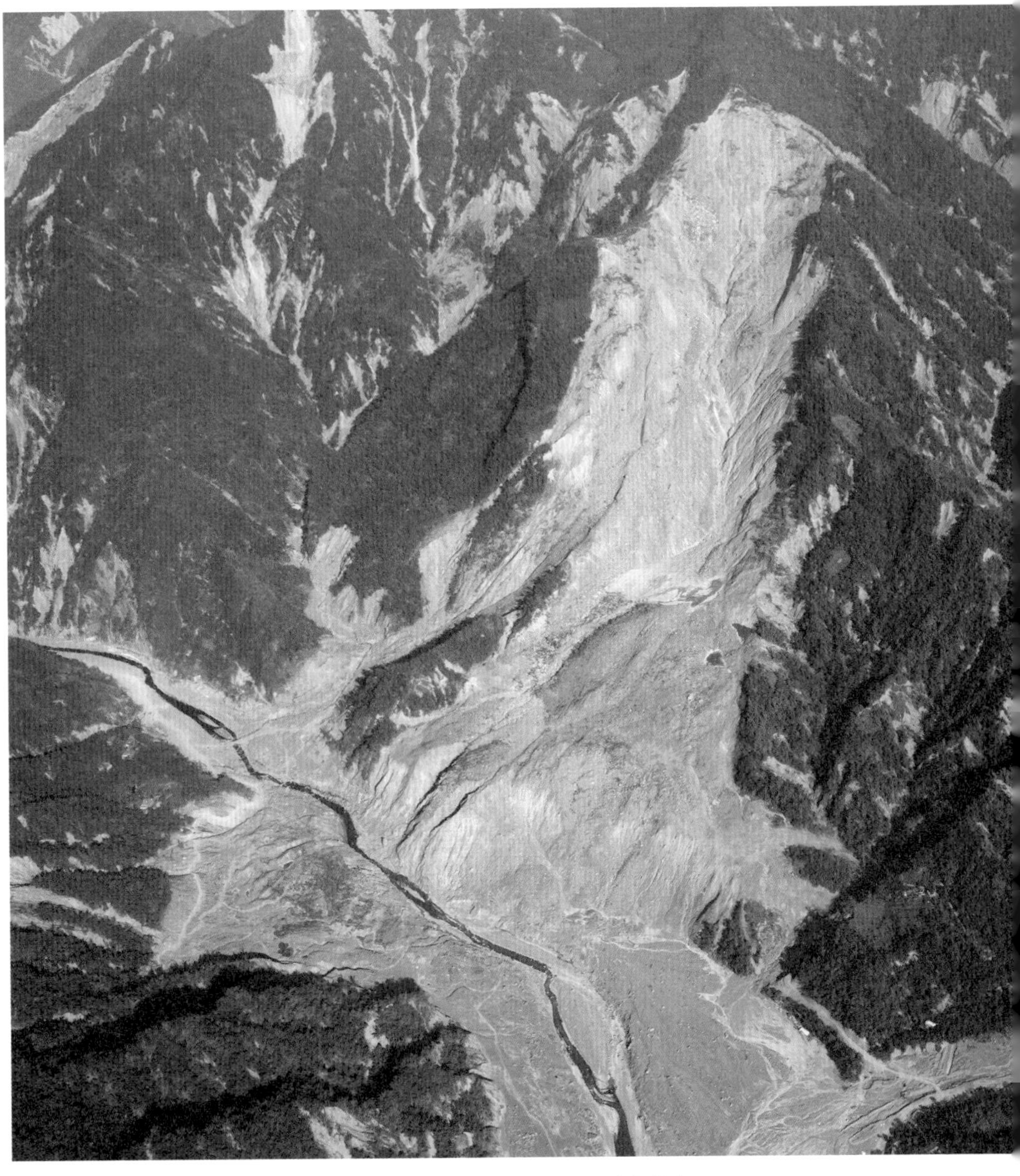

當雨量大又集中時，我們的山林土地都很難承受。莫拉克颱風時獻肚山崩塌的土石，
瞬間就掩蓋整個小林村，500名居民遭到活埋。

當時新聞上說，有很多人被困在災區裡，飛行拍攝時，我也想著，這些被泥地淹沒的村落，是住著怎樣的人，過著怎樣的日子？在那些崩落的泥流裡，我看到了被沖出來的沙發、家具、家電，我甚至不敢去想這些人去了哪裡？是不是還健在？這幾年的氣候愈來愈極端，雨量瞬間破千釐米也愈來愈常見，這麼多的悲劇不斷發生，難道我們都沒有意識到嗎？難道我們都沒辦法去防範嗎？

於是我立志拍攝一部記錄全台灣的空拍影片，就是《看見台灣》。

再不做，以後就沒機會做了

籌備《看見台灣》的期間，陳文茜小姐的節目採訪報導了我的夢想，讓更多人知道我想做的事：替台灣拍一部空拍的記錄片。於是，我開始陸陸續續收到一些小額的贊助。

很多人眼中的我算是外省第二代，我曾受邀到美國台灣中心僑社演說。這是一個政治色彩濃厚的僑民組織，我雖然能聽講台語，卻無法用台語演說，但台下的僑胞們知道我要拍這樣的東西，回應十分熱情。有僑民甚至是開了數小時的車子，只是爲了見我一面，拿捐款給我，還有一位母親以罹患重病的女兒名義捐款贊助拍片。

這無關金錢數目的多寡，而是那每份捐款背後，沉重的期待，讓我身負重任，戰戰兢兢，深怕一個疏忽，或是自己不夠努力，讓這整個計畫泡湯，我背負的不再只是自己的夢想，還是許許多多關心這塊土地人們的期待。

我打算辭職、拿一家人住的房子去抵押，我視如兄長的李玉琥先生也是開影像製作公司，便勸阻我做這個決定，他說得很有道理，跟我分析影像製作市場募集資金困難，作品發行通路也有限。那段時間，我常跟他討論辭職的事，他說：「你已經是四十七歲的人了，不是二十五歲，禁不起跌倒的。」我不這麼想，反而認爲，正是因爲已經四十七歲了，再不做些什麼，以後就沒機會了。

追夢的代價：對家人的愧疚

這一切決定，家人習慣了，他們知道我一旦決定的事，沒有人阻擋得了。好比我這幾年空拍，假日常常爲了等好天氣，無法跟孩子出遊，也常常車子開一半，發現天氣突然轉晴，就把孩子丟給太太或是妹妹，一人出發去拍照。一開始孩子當然會抱怨，但後來他們都習慣了，見怪不怪，反正老爸就是這樣。想起來，這些年來的家庭聚會，我參加的次數好像也不多。

當我決定辭職拍片時，有天晚上，當時念高中二年級的兒子問我：「還有沒有錢可以讓我念大學？」他擔心家裡的經濟狀況出了問題，會連書都沒辦法念了。想起來有些心酸。我跟他解釋了我做的工作，並告訴他，狀況其實沒有那麼糟。

我跟家人的關係很淡然，我當然是愛他們的，但東方的家庭不會把愛掛在嘴邊。以前孩子小的時候，常常替他們拍照，孩子也很配合會擺出各種可愛的姿勢，現在兒子念大學了，女兒念高中，他們有自己的生活，不再是纏著父親說話的小朋友。我知道這是孩子必然的成長之路，我也不是那種會和小孩談心談夢想的父親，但對於家人，也許我沒辦法時常陪伴他們，但我永遠把他們擺在心中重要的地方。

這二十年來，我出國的經驗沒幾次，小孩放暑假有任何活動都是由太太或妹妹處理，我念茲在茲的就只有：今天天氣好不好？適不適合飛行？我連跟一〇一大樓董事長討論電影合作時，都不斷由高處看著窗外，想著天氣好不好？今天可不可以多飛一些？多拍一點照片？

兒子和女兒小時候最開心的就是假日下雨，別人家的小孩可能會因爲下雨不能出去玩而沮喪，我家剛好相反，下雨天就是老爸帶他們出門的日子。不過，後來他們發現，下雨天還是不要高興得太早，我曾經有過下雨天帶他們出門，中途突然放晴了，我立刻折返回家拿攝影器材，把小孩託給媽媽，一人去航空公司報到，準備飛行空拍。小孩童年時會有些抱怨，現在長大不會了，但也不再跟大人出門。想一想，我仍有些覺得愧疚。

所有的夢想都需要代價。而對家人的愧疚，可能是這場夢付出的代價之一。

回想過去空拍的初衷，我想做的事很小，只是想把整個台北市的城市空景拍下來，因爲台北是我最熟悉的地方，而且飛行的航線也短，費用最少。不過，當我飛上去之後，發現完全不是那麼一回事。鳥瞰台北市，大都只看得見混亂的都市規畫，還有像狗皮藥膏的鐵皮屋違建。

我剛開始空拍的那幾年，信義區才剛剛重劃，沒幾棟建築；大安森林公園還在開挖，從空中只看得到黃泥地，還有捷運工程正在大規模施工，整個台北市就是漫天灰泥，這樣的景色，如何拍得下去呢？

剛開始從事空拍時，基隆河剛完成截彎取直的工程，當時還未出現美麗華購物中心。

所以，我飛出台北市，開始拍攝台灣各個山野、農村的樣貌。在城市之外，我見到最美的景致，也見到被破壞令人心痛的景象。隔了這些年，我再重新回到城市，拍攝我原初夢想的小小起點，開始用另一種眼光去看我們居住的城市。

醜陋的鐵皮屋，是城市人對生活的夢

我蒐集世界各國很多城市的空拍攝影集，瑞士、法國、舊金山、東京、紐約、倫敦……等等，這些地區的空拍影像都非常美麗，然而台北市的空拍影像有一個極大的特色就是：頂樓加蓋的鐵皮屋。幾乎所有老公寓的頂樓都會長出一塊這樣的醜陋建物。以前，我的快門按不下去，密密麻麻的鐵皮看起來像是城市的皮膚病。

不過，仔細一想，這是台北特有的生活型態。我小時候住的公寓，頂樓也是有加蓋鐵皮屋。台北市人多而空間狹小、房價高，只好往頂樓動腦筋。加上都市更新緩慢，很多老房子有漏水問題，盆地夏日氣溫又高，公寓頂樓就算不是加蓋居住的空間，大多也會加蓋簡單的鐵皮做為遮雨、遮陽避高溫的用途。這是城市獨特的生活需求，很難說好或不好。

我換了一個角度想，這些一塊一塊的鐵皮，有種幾何構圖的美感，而一格一格的鐵皮之下，其實是城市裡的小人物改善自己居家空間的努力，爭取到那一點點空

從另一種角度看城市裡的鐵皮屋頂，也是一種樂趣。

台北市最適合空拍的美麗地點之一：敦化南路。

間，就能多一點點生活的夢想。這些鐵皮屋，展現的也許是城市人們的另一種生命力。我常想起，年輕的時候在自家公寓頂樓養鳥，那也是我某種生活的夢，想與自然有所連結。

不過，台北市還是有幾處適合空拍的美麗地點，像是樹蔭濃密的敦化南路，中間的行道樹是台灣欒樹，秋天一到，樹上的蘋果轉紅，路兩邊的建築物大多是新式的辦公大樓，一路向北到仁愛圓環，圓環周圍也是新蓋的辦公大樓，拍起來是好看的城市景觀。

台灣空拍的諸多限制

城市空拍在台灣常常有個問題，因爲直升機靠近時會有較大的噪音，噪音防治法便有所規範限制，直升機必須飛到一定的高度，因此無法穿梭在大樓與大樓之間拍攝。這個缺憾在拍攝動態影像時會更爲明顯，由於受限於角度，很多城市近拍的細節畫面是沒辦法拍到的。

台灣空拍的法令限制中還有一些管制區，像台北市中心的博愛特區是限定要在四千英尺以上才能拍攝，這是基於國家安全的考量，而從這麼高的高度拍攝，通常只能用長鏡頭遠拍，能做的畫面角度變化受到很大的限制。另一個台北市管制的

因松山機場航道限航區的限制，南港、內湖一帶我至今都無法好好拍攝。此圖中的南港展覽館也僅拍到一小部分。

地區是士林、陽明山一帶的R16限航區，這一大區塊包含從士林延伸到內湖的飛機航道，早年是士林官邸、圓山飯店、陽明山軍事設施等敏感地區，所以空拍直升機在這一帶是管制的。現今解嚴多年，士林官邸也開放觀光了，但R16卻仍持續管制中。

台北市目前仍有松山機場，起落的班機頻仍，因此爲了讓出「航道」給起降的飛機，直升機的飛行常受限制，比如林口、新莊、內湖、南港一帶，飛機起落的時間前後有很長一段管制時間，我們的直升機通常得在附近等待，等時間一到再飛上去搶拍，但變數仍多，尤其最大的變數是天氣。像這幾年新興的南港經貿園區有許多新式造型獨特的建築，這一帶因爲是航道限航區，飛機起降頻繁，多年來我一直沒有機會好好地完整記錄。

國父紀念館屋頂的圖案

只有空拍才看得見的城市特殊景象

台北地區的幾個重要景點我都拍過，像是台北一〇一大樓，拍攝這個大樓的重點是要等待適合的光線角度，光線在某個角度反射大樓的玻璃帷幕，能傳達出這個城市的現代感。

老舊一點的建物像是國父紀念館，對很多台灣人來說，是從小到大來過好幾次的景點。我第一次從高空往下看，竟發現國父紀念館的大屋頂上，有一個國父紀念館的標誌。這是台灣重要建築師王大閎的作品，我覺得屋頂上的標誌有種獨特的幽默感，少有人會從高空看國父紀念館，建築師在頂樓做了一個大標誌，像是留給空拍者的一個暗號。浪漫一點的說法，也許是建築師留給外星人的特殊溝通暗語吧！

近年來台灣的橋梁出現許多造型，不僅美化了都市、可作為城市地標，也會創造許多因為橋梁而生的故事。（圖為新北大橋）

城市還有一個特殊的景象，就是橋梁。台灣有些特色橋梁拍起來也很有意思，像是重陽橋的鋼纜的線條，有點仿效舊金山大橋；新北大橋造型也很特別；最奇特的是北港的媽祖大橋，從空中往下看，橋塔塔柱的頂端做了一個媽祖冠帽的造型。這些設計看得出建築者的用心，也只有空拍才有機會看到這些細節。

「昨日不再」的城市景觀

很多人說，台北是一個老舊的城市，但以我空拍的經驗來看，台北市近十年的新建築卻是如雨後春筍般出現，也許跟上海、北京相比，台北市的更新速度不夠快，但若以台北市本身來做比較，捷運、信義計畫區、大安森林公園，都是十多年之間完成的事，都市樣貌轉變快速到我們幾乎記不起過去的老台北是什麼樣子了。

出了台北市，台灣地區其他城鎮的變化則是另一種樣貌，好比苗栗。我曾經在苗栗銅鑼一帶的丘陵小山，拍過一整片美麗的樟樹林。這些年來，台灣廣設「科學園區」，光新竹、苗栗一帶就有好幾處的科學園區土地開發案，一個接著一個蓋，最後以興建科學園區爲由，整片樹林被夷平，蓋了人工化的廠房。

台灣因廣設科學園區，許多自然地景都不斷消失，其實科學園區閒置的土地非常多，是否仍有此必要？

台北101大樓出現前（右）後（左）的信義區。

每次飛過這片山林高空，心裡總是覺得特別可惜，而人工化的廠房讓我再也提不起興趣按下快門，我懷念那片美麗的樟樹林。

拍攝這麼多年，這種「昨日不再」的感嘆愈來愈強烈。除了農地、樹林變成科學園區，還有昔日建築大樓尚未完全進駐的信義區。我也拍過台北一〇一大樓，從無到有，一層一層的「長高」過程。桃園龜山一帶的大型眷村，空中拍起來像是一個一個的火柴盒，這些眷村也都改建成大樓了。更令人感到唏噓的還有霧峰林家花園，原本是一大片完整的古老聚落宅院，我也在空中完整地記錄過，九二一大地震時，它又被震成一片廢墟，我再次去拍，同一個地點，興起又敗壞，在眼前循環，讓人分外覺得個人的渺小。

桃園龜山的傳統眷村（上），如今已變成一棟棟的國宅（下）。

城市有其光明的一面，當然也會有它破敗的一面。台北市這幾年有極大的轉變，破敗的地方也呈現了另一種「都會風格」，像是公館寶藏巖，過去拍起來就像是都市的瘡疤，全是密密麻麻醜陋的違建，但這幾年寶藏巖重新進行社區營造，雖然一樣巷道蜿蜒狹窄，但卻轉變成「文創社區」，有藝術家進駐、咖啡館設立，成爲遊客的景點之一。另外，像是台北盆地邊緣的山坡地帶，包括象山、大直一帶，每逢豪雨必有土石流，山坡上的老舊違章建築也逐漸搬離，現在那裡已成了生態公園，讓自然與人類能有一個喘息的地方。

原本保存完整的霧峰林家花園（上），九二一大地震後變得殘破不堪（下）。

台北公館的寶藏巖（畫面左方）雖然看來有些破敗，但近年轉型成文創社區，也呈現了另一種風貌。

多年來，我都是在拍「家」

再往南走，台中城市的風貌跟台北也有很大的不同：路寬敞，建築物沒那麼密集。這幾年變化最大的是七期重劃區，各種大型建案不斷推出，算是從空中鳥瞰台中，變化最大的區塊。

從二〇〇四年開始，我定期記錄高雄的城市空拍。高雄這幾年變化也很大，最顯著的是高雄港區的開放，以前戒備森嚴的港口現在大多開放了，有些甚至觀光化，愛河一帶開始出現河景建案。另外還有這幾年開始營運的高雄捷運，和台北捷運站不同的是高雄捷運站蓋得很醒目，充滿設計感，從空中幾乎無法忽略，視線馬上被捉住。

身爲空拍者有一個小小的特權：我常在空拍城市時找尋我家的地點，有時到外地

台中七期重劃區近年增建了許多新式大樓，但我私心仍較喜愛城市小巷弄的味道。

高雄捷運美麗島站前後對照

拍攝，也會特別找一下，某個朋友住在什麼地方，看一下他家空拍起來是什麼樣子。或許，空拍是尋找另一種觀看「家」的角度。而有一次飛過屏東上空時，我看到另一種「家」。

那是在田野中突然冒出的一小塊雜亂的地景，我隨手按下快門，細看才發現那是一塊擠著密密麻麻墓碑的墳區。華人安土重遷，先人的骨骸就埋在田的中央，乍看是一個奇怪的地景，但了解其背後的文化意義後，這種出現在田中央的墳區好像也是很合理。只是二〇〇二年「殯葬管理條例」通過之後，類似這種在田中央的墳區可能愈來愈少了。

關於「家」，一個令我印象深刻的平凡例子是台南後壁的黃家古厝。面對各種徵收和改建的利誘，黃家後代仍堅持保留古厝，從空中拍攝，可以看到古厝的紅磚屋頂和四合院的完整結構，古厝前方還保留了當年的池塘。

居住在城市裡的我，多年來拍攝各種主題，其實都是不斷呼應「家」這個概念。我們希望有一個怎樣的家，便會有一個相對應的城市樣貌。城市裡的各種樣貌，則反映了人們對這塊土地的價值觀。我最早的拍攝動機是拍攝城市，因爲這是

田中央出現的另一種「家」，其實也有其背後的文化意義。

台南後壁黃家古厝的完整結構，至今已相當罕見。

我家的所在，離我最近，是我最熟悉的地方。這些年來，繞了一圈，我發現不管我在任何地方，拍了多少不同的景致地貌，其實我都在拍「家」。

這些不同的「家」，都是我用鏡頭隔著遠遠的距離拍攝，就像我對這片土地的關心，從來不想敲鑼打鼓去張揚，只是挑了一件自己覺得有意義的事，然後默默義無反顧地去做。就像我對自己的家人也一樣，我不是那種把愛掛在嘴邊的人，但我一樣也是把這些感情放在心裡，默默去執行。我認爲，所謂的愛就是一種默默的陪伴守候，不管是對家人還是這片土地。

Chapter

5 人

無人的空拍照片，最終的關懷還是人

空拍景物中很少出現人，但這一路上，我的夢想能完成，卻是靠著許許多多人的幫助。很多人說，我這一路走來很辛苦、很孤單，但我從不這麼覺得。我認為，我比別人幸運，能得到這些人的幫忙。

所有的空拍計畫中，被拍攝的永遠是沒有發言能力的山河景色，不管是山容氣勢磅礡的玉山，還是海天一色、波光粼粼的澎湖群島。我的照片很少出現人，這些無人的空拍照片，其實最終的關懷是人，我不只是看到人類如何破壞生態，其實眞正關心的是，人類如何在有限的自然資源裡，與世界共處。

這也是我拍攝的記錄片《看見台灣》背後所要談的觀點。

四十七歲那年，我以借貸方式買了空中攝影設備，辭職專心籌備拍片計畫。朋友笑我傻，事後想起來，我是眞的傻，因為傻而不知道前方的路有多困難，不知道有多困難所以就不知道害怕。

意外捕捉到難得的動物樣貌

過去以相機空拍的時候，因爲距離遠，很難拍到動物和人，頂多是拍到一點點海面上飛行的鳥群，或是沙灘上點點的小人。轉換到動態攝影機時，有一次去拍墾丁國家公園時，我們都知道那裡有梅花鹿，但鹿是很敏感膽小的動物，一般遊客很難見到牠的蹤影。

拍攝當天，我也沒預期會拍到動物，只是當直升機在高空上發出轟隆聲，保護區的草原上，鹿群先是有警戒心地停下吃草的動作，四處張望。我在鏡頭上看到了鹿群，清楚看到他們擺動著耳朵，扭著可愛的小腦袋四處探尋聲音的來源。我請飛行員讓飛機降低高度，高度一低，飛機的噪音驚嚇了鹿群，牠們開始拔腿狂奔，踩著一波波被風吹起的野草，像是在綠色的海浪上跳躍。

另一次是在中央山脈安東軍山的草原，見到台灣水鹿在水池邊喝水。水鹿體型雖大卻易受驚嚇，即便是在平地用相機都不容易拍到。這大概也是空中動態攝影的優勢，因爲距離可以拉得遠，不驚擾動物，通常可以拍到動物最原始自然的一面，加上這套攝影系統的功能強大，可以很清楚拍到動物的表情，捕捉動物瞬間的動作。

動態攝影對身體的挑戰

轉換到動態攝影對我來說，也是一項挑戰。能拍到過去拍不到的動物當然是一種成就感，但必須花更多的飛行時間去觀察尋找，因此直升機的花費也更高。我的空拍器材有八大箱，剛開始沒有經費聘雇助理，所有的器材都是我自己一個人搬，以致腰椎間盤突出，也算是職業傷害。坐

在空中難得一見的台灣水鹿。

在侷促的機艙裡，因爲飛行時經常會有搖晃震動，鏡頭操作桿的靈敏度又很高，只要手臂一靠到機艙艙門，整個機器也會跟著晃動，鏡頭畫面就會搖晃不穩定。

所以，我得盡量將雙臂懸空操作搖桿，腰桿得挺直，雙眼盯著螢幕看，有時一趟飛行近三個小時，雖然操縱盤不重，但卻像是提著數公斤重的啞鈴維持固定的姿勢，長時間下來手肘手指都有了運動傷害，腰痠背痛更是家常便飯。此外，動態的影像不像拍照片，只要看到某個瞬間，按下快門就可以，而是必須長時間盯著螢幕看，想著構圖，鏡頭拉遠還是拉近，眼力的耗費更大，加上我也到了該有老花的年紀了，一趟飛下來，不僅身體疲累，眼球更因爲疲勞而淚流不止。

雖然，選擇拍攝記錄片是我自己給自己的挑戰，但我仍時常懷念用相機拍照的時刻。比如以前拍片時，我可以坐在直升機門邊，整個人身體向外探出，風就吹在臉上，眼睛張開就看到第一手的景色。拍攝記錄片，鏡頭是安裝在直升機最前端的機鼻處，我只能坐在機艙內操作鏡頭的動態，盯著小螢幕看，再也沒有過去那種第一手親眼看到的臨場視覺。機艙內有時也悶熱，我的手心容易流汗，以前用相機拍，手流汗了，我就把手伸出門外讓風吹一吹，一下子就乾了。現在沒這個機會，手汗來了，只能往身體衣服上抹了。

身處空中飛行狀態中的人，常會不自覺地抓緊手上的物品，這是自然反應，我常提醒自己不要抓得太用力，但始終沒辦法改變這個壞習慣。以前是會下意識抓緊相機，十指用力，尤其是虎口和大拇指、食指，因爲用力過度，關節有些許僵硬，一到天氣變化時，常會不自覺疼痛。當我換成指握攝影機的操縱桿時，這個職業病又更加惡化了。

然而，這些辛苦都在攝影機拍到野生動物時得到了回報，美麗的景色有了動物更顯得活潑動人了。

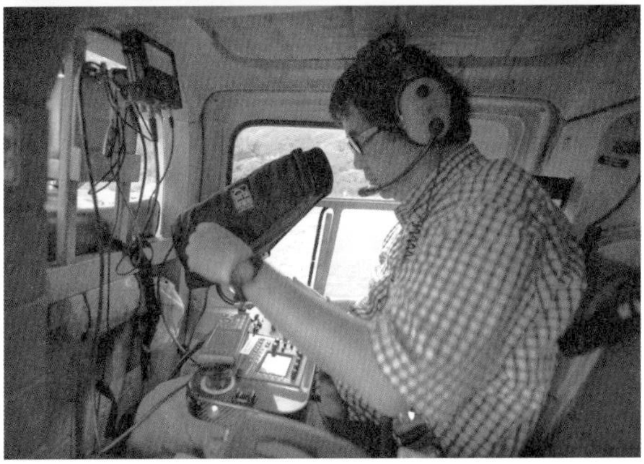

不管是靜態攝影時十指緊抓相機（上），或動態攝影時指握操縱桿（下），都會造成關節僵硬疼痛的職業病。

第一筆資金到位

除了技術上的問題之外，我面對的另一個大問題是資金，這一點一直困擾著我們的拍片計畫。之前拍平面攝影，靠我自己的收入勉強可以完成，然而要拍成電影這種規模，已不是光靠一己之力就能達到的。我對資金沒有太多概念，剛開始公司只有我與一位執行長，一切從簡，一開始是靠幾個政府標案先撐過去，再一邊找資金籌畫拍片。

還好這一路上遇到很多貴人，我覺得自己很幸運。第一個貴人是台達電子的鄭崇華董事長。我們一路找資金，一路碰壁，在向台達電做簡報前夕，我們公司幾乎沒有飛行的經費，幾個執行的標案資金也還沒到位，卡在一個青黃不接的狀態。還好，台達電對我空拍的作品很滿意，希望能購買我們一部分影像的授權。至於拍片的資金，鄭董事長考慮了一陣子。但我們急需這筆錢，錢沒到位，就沒有直升機飛行的經費。

鄭董事長說：「我很欣賞這個計畫，但我怕給這個年輕人開了這個頭，會害了他。」這句話的意思是，這個拍片的夢想能不能實現，變數太多，而台達電若是給了我第一筆錢，可能會害我掉入泥沼之中，往後若找不到其他資金贊助，或是計畫執行一半無法完成，我可能要賠本甚至是傾家蕩產。

我沒想過這些事，因爲我知道我一定會完成。

鄭董事長最後決定贊助我們，第一筆錢到位，我們度過了難關，開始了一切計畫。

意想不到的空拍婚紗照

計畫進行過程中有許多波折，也有很多讓人溫暖的時刻。像是我們曾經在新竹的海灘上空拍到一對新人正在拍婚紗照，新娘拿著彩色氣球，笑得十分幸福，我們想把這個畫面剪進記錄片的最後一幕，希望讓片子沾染一點正向幸福的感動。

然而，我們根本不認識這對新人，只是飛機邊飛邊拍時剛好拍到，但臉龐的影像拍得這麼清楚，一定得經過當事人同意才可以，所以我們就想盡辦法去聯絡當地人，四處打聽這對新人是誰，想取得他們的肖像權。因爲地緣關係，我們猜想應該是新竹一帶的人，我們打電話到婚紗公司、透過當地的朋友去尋找，卻一直沒有結果。

這是動態影像的優點，也是缺點。過去，用相機拍照，焦距沒辦法拉這麼遠，將人拍得這麼清楚，而這套攝影系統不僅拍得到人，還能拍得到人的五官表情。地面上的人非常有趣，當看到天空有直升機飛過時，都會下意識抬頭張望，但飛機很

這張無意間拍到的海灘婚紗照，為我們的記錄片增添了一抹幸福的色彩。

遠，他們看不清楚上面的人在做什麼事，所以我拍到的人，大多是抬頭張口、一臉狐疑的模樣，很少有像這對新人充滿幸福的表情。

在遍尋未果的狀況下，公司有人建議把照片貼到臉書上尋人。沒想到兩天之內被大量轉貼，有人甚至留言說，畫面中的新娘就是他姊姊。電視新聞也來報導了，消息就這樣經由媒體放送出去，聽說新郎在上班前，在電視上看到自己的影像，還嚇了一跳。我們終於聯絡上這對新人，而距離拍攝已經有一年多的時間，他們也有了小寶寶。事後發現，他們是桃園人，那天是「遠征」到新竹海邊拍照，難怪我們在新竹找不到任何線索。

後來我們把拍攝畫面截圖下來，放大照片裱框送給了他們做紀念。這大概是他們從沒想過的婚紗照吧！

看見直升機，請記得微笑

他們不是我們唯一找過的人，只要臉部能辨識出來的，我們都要盡量取得他們的肖像權，不希望造成當事人任何困擾。在片子中段，我們在雲林濁水溪畔的西瓜田裡拍到一位大哥，他在卡車上搬西瓜，臉上像是看著一片瓜田豐收而露出滿足的表情，很多人看到這一幕，嘴角都會忍不住上揚。這是一部沒有明顯劇情的記錄片，但總會有幾個畫面，傳達出很直接簡單的情感，而這些簡單直接的情感卻最有渲染力，這位西瓜大哥就是這樣的例子。

有了拍婚紗新人的尋人經驗，我們這次就直接把照片放到臉書上，果然，兩小時後就有了回應。有人留言，這個人是雲林台西一帶的「阿義叔」，是位西瓜收購商，當地所有人都認識他，這次完全不費力就找到西瓜大哥了。我們打電話詢問他，記錄片會看得到他的臉，會不會介意？電話那頭，是個淳樸的男子聲音：「無要緊啦，你們拿去用吧，不算什麼。」這也是台灣人溫暖可愛的地方，很願意分享。

所以，我常在演講場合告訴聽眾，當你聽到天空中有直升機在飛的聲音，抬頭看的時候記得要擺好表情，不要嘴巴張開

阿義叔抱著西瓜的滿足神情，傳達出最直接動人的情感。

開，那樣看起來很呆，記得一定要閉起嘴。

稻田上怎麼畫出九個腳印？

認人的事好處理，另一件更麻煩的事，是在花蓮玉里做稻田繪圖。這是類似國外做過的「麥田圈」，在稻田上割出某種圖形。我們在記錄片的尾聲安排了稻田上出現九個大腳印，像是巨人從田裡走過的痕跡，讓片子的結尾多一些童趣和光明感。

然而，台灣連綿大片的美麗稻田愈來愈少見了，不是被馬路切割得十分凌亂，就是在田中央出現突兀的「豪華農舍」。這個現象尤其在雪山隧道通車後的蘭陽平原最爲明顯，美麗的水田當中充斥著台北都市人遠道而來、花大錢蓋的「田中央大別墅」。

很多人認爲知名的台東池上伯朗大道的稻田很美，但我從空中觀察，覺得全台灣最美的水稻田是在花蓮玉里。玉里是台灣數一數二的大米倉，不過這裡的米大多是被知名米商廠牌或政府收購，所以名氣不敵池上、關山米。名氣不高，又身處於台灣「後山」，玉里保有台灣難得一見「構圖美麗」的水稻田，我決定要在這裡拍攝我的「大腳印」了。

計畫中的巨大腳印有九個，我也不曉得應該怎麼做，只是在電視上看過。我透過花蓮縣政府協助聯繫了玉里鎮鎮長劉德貞女士，劉鎮長對這項合作也很有興趣，他們這幾年也想將玉里米包裝成一個有特色的地方品牌，不再只是單純被米商和政府收購，而這次空拍的合作也被當地政府視為一個可以打響品牌、讓一般大眾知道玉里米的機會。

然而，我沒經驗，地方上也沒人有經驗。我打聽到苗栗芳苑曾經有人做過稻田繪圖，玉里鎮派人過去與對方談過，最後玉里鎮決定自己做。技術上的困難在於如何在稻田上畫出腳印。我們先在地籍圖上把腳印畫出來，每個腳印涵蓋的區塊，稻米剛成熟時就要收割下來，好空出腳印圖形。而對農民來說，有些比較晚熟的米收割下來就是一部分的損失，所以我們還會對腳印的所在地地主做略微的補償。

但到底要怎麼在廣大的稻田中畫出腳印？玉里鎮公所一位基層公務人員想了一套土法煉鋼的方法：用三根竹竿加尼龍繩和三角函數的原理，把地籍圖上的腳印等比放大到稻田裡，然後用竹竿一根一根把圖形圍出來，就這樣圍出了每個六十公尺長的九個腳印。

擔憂成真，老天爺不賞臉

天天等著天氣放晴，我的心情也像天空一樣陰霾。

幾個月後，我在台北收到花蓮傳過來的照片，公司所有的人都很興奮，覺得事情就要圓滿達成了，而且那九個腳印在田裡被割出來的畫面，觸動了每個人心底最純真的部分。我和工作人員立刻興沖沖地分頭由空中及地面往花蓮出發。

我們的直升機從台中起飛，往南繞經屏東到台東，但花蓮當地開始下雨了。那是梅雨季的前夕，我們擔心，梅雨一來，飛機沒辦法飛，連帶結穗的稻子被雨淋過之後，就會倒伏發芽無法收成。空拍的工作，很多時候最大敵人就是老天爺的臉色。

想不到我的擔心成眞了，好不容易飛到台東，結果在台東等了三天，每天的降雨量大到飛機無法起飛，整天什麼事都不能做，只能等。面對不可預料的命運，人很卑微，除了等，別無他法。趁著一天雨勢稍減，機長決定先飛到花蓮瑞穗的停機點待命，至少離拍攝地點玉里近得多。但是梅雨仍舊沒有停歇地下著，等到第六天，機組人員不耐煩了，每天早上起來大家心情都不好，說話口氣也差，埋怨聲四起。

到底要不要飛？要不要回去？接著還有一個颱風即將形成，一回去什麼都沒有了，一切努力就化爲烏有。我決定還是繼續留在花蓮瑞穗等機會。這期間瑞穗玉里都還是斷斷續續地下雨，爲了鼓舞自己士氣，我們的工作人員去當地的五穀宮求神。當香插進香爐時，感覺天好像稍微亮了一些，希望像星星之火，彷彿下一刻就能燎原。

另一組人負責在玉里當地安撫農夫阿伯

雖盡了人事，也得靠老天成全，只好求神保佑了。

大嬸們，不過，阿伯們似乎一點也不像我這樣煩燥，每天和工作人員一起吃飯等放晴，天不放晴，就拉著工作人員一起到活動中心唱卡拉ＯＫ。事後回想，老農們每天下田要面對雨量、蟲害、風害，何嘗不也是與天相爭？他們跟我一樣，都得面對不可知的命運，但老農們多了點豁達，這是我至今還在學的。

要不要飛？問神吧！

隔天，我們又失望了，雨細細地下，天暗雲厚，根本不適合飛行。製片說，再等下去也不是辦法，不如到田裡走一走，空拍拍不到，在田裡側拍當成備份，也許到時候還能放到片子裡。

走在田埂裡，我滿心沮喪，想到這個計畫是由這麼多工作人員精心策畫，還有這麼多老農們期盼自己的田地出現在影片，這一切難道眞的就要這樣放棄了嗎？只能認輸了嗎？想著想著，腳一滑，我整個人趴跌進田裡。

這一跌心情更差了，我不是腳步輕輕一滑，而是整個人趴倒到田裡，額頭正面磕到泥土的田埂上，全身沾滿爛泥。人生中還會有比此刻更倒楣的時候嗎？

萬念俱灰之下，我回到附近旅社洗淨一身髒衣，由於沾滿泥土不好意思用洗衣機洗，只能手洗。當我走到陽台上打算用脫水機時，突然感覺一陣暖風吹來，皮膚

大腳印終於拍成了！

曬到斜斜射進來的光線，暖暖的，是天晴了嗎？我把頭探出去望一下天空，雲縫好像裂出了一線光芒，眞的是天晴了嗎？

已經連續七天，總是以爲天晴，飛行沒多久就下雨，我們已經被騙到怕了，會不會這次又是空歡喜一場？到底還要不要飛？我走進房間，坐在床沿想了一下，看一下時鐘，又再看一下窗外，怎麼辦？要問誰？問我心中的神好了。我拿出兩枚銅板，一擲，是一正一反的聖筊。好吧，試最後一次，飛吧。

我立刻通知直升機待命，聯絡了活動中心的老農們。飛上天空時，雨終於停了，老農夫們一個一個趕到到腳印前方集合，他們平日都穿白色工作衫下田，爲了拍照全都自行換上顯眼的紅色上衣，他們對命運、天候可以豁達以對，但眞正要行動時，又把拍照

感謝玉里鎮劉德貞鎮長與農民們熱情參與、協助這次的拍攝計畫！

當成一件正經事，嚴肅以待，這是土地練就出來的人生觀。

玉山頂上孩子們的歌聲

另一個天候的問題是出現在玉山。片中有一段是馬彼得校長帶著「原聲童聲合唱團」的小朋友站在玉山頂唱歌，我們的飛機繞著山頂拍他們唱歌。馬彼得校長是山中一則傳奇，他師專畢業，在南投信義鄉布農族部落的國小當校長，看不懂五線譜，對樂理認識也有限。但看到部落的孩子們因各種弱勢因素，無法正常學習，於是決定在資源非常匱乏的深山小學裡籌組合唱團，用最簡陋的設備，教小朋友們唱歌。

唱歌改變了孩子們，他們開始喜歡到學校，更重要的是，他們在艱困的童年裡，發現了世界上還有值得期待的事：音樂。這群布農族的孩子們是靠本能在唱歌，沒有正統的樂理訓練，所以，當他們站上合唱比賽的舞台，忍不住開始懷疑自己。山野裡的孩子們看到城市裡的小孩穿著整齊的制服、用學院派的發聲方式唱歌，他們害怕了，害怕自己這種本能式的唱歌方式，能算是唱歌嗎？城市小朋友們的歌聲爲何這麼整齊明亮，我們的聲音卻這麼自然質樸？像我們這樣的聲音，是好的聲音嗎？

在馬彼得校長的堅持下，孩子們用最純眞的方式唱歌，用獨樹一格的歌聲唱出無數獎牌。馬校長和孩子們的故事深深打動我，我們常不珍視自己所有擁有的，嚮往被人工化、現代制度馴化後的事物。我們吃人工化的食物，早忘記原始的食物該是什麼滋味；我們用錢代替跟小孩的互動，早忘記與家人擁抱是什麼感覺。我們對這塊土地的人工化習以爲常，早已忘記天然的景物是什麼模樣。

爲了呈現小孩們純眞的嗓音，還有考慮光線的問題，我們選在日出時刻上山拍攝，十幾個小朋友就站在玉山主峰頂上，拍著手唱歌。他們必須摸黑上山，只爲了能在日出時刻準時抵達山頂。然而，一切又因天公不作美，被阻擾了。

日出前，孩子們已經在山上等了。風很大，氣溫又低，但天上的雲層很厚，直升機完全不能飛行。我請孩子們先忍耐著，直升機一再啓動開機、又關機，玉山主峰上方的雲一下開、一下又蓋住山頂。我很心疼孩子們受風寒，又不知道這個計畫能否成功執行，一直非常緊張。

但馬校長說，別擔心，他要帶孩子們一起禱告。他們就站在玉山頂上祈禱，奇蹟就這樣出現了。禱告儀式結束沒多久，天空就雲開霧散了，直升機馬上飛到山頂上空拍，飛渡過程中飛行員已經感受到氣流的紊亂，我們繞著山頂拍，直升機被強風吹得上下搖晃，落差幅度超過一百英尺（約十層樓的高度），我看到孩子們穿著布農傳統服飾，被大風吹得衣襬飄盪，直升機的聲音很大，我當然聽不見他們的歌

（上）原聲合唱團的小朋友必須半夜兩點就出發，往玉山山頂攀爬。（攝影／呂克勝）
（下）馬彼得校長帶著孩子們，不畏艱辛地為我們拍出最感動人心的畫面。（攝影／呂克勝）

聲，但他們唱歌的表情是幸福快樂的。對他們來說，生活如此艱困，一點點的快樂就是天大的祝福了。

這次空拍，因爲風大無法太近距離拍，天晴的時間只有四十分鐘，眞要檢討的話，有太多可以做得更好的地方。但老天肯給我幾分鐘的陽光，我應該要感激了。人們活在這塊土地上，心裡不該時常掛念著「還要什麼」，而是多一些珍惜現在的心情，停下腳步，看看路上的風光。

洪箱與賴青松代表的土地希望

爲了讓片子有更深的人文厚度，我們還空拍了兩位台灣代表性人物：洪箱與賴青松。

洪箱是一名灣寶鄉的農婦，爲了抵抗苗栗縣政府不當徵收農地，她組織了當地農民四處陳情抗爭，反對政府任意破壞良田。經過多年努力，灣寶鄉成功抵抗徵收，維持原狀，是台灣爭取土地正義的少數成功案例。台灣糧食自足率一向偏低，灣寶一帶又是極優沃的良田，當一塊土地被收走，改建成商業用途，灌了水泥地、鋪了柏油路，良田就永遠回不來了。一塊肥沃的農地需要數十年的養護灌溉，但要毀壞它，卻只要一夕之間。

洪箱與農民們（上）成功阻止政府不當徵收灣寶鄉的農地，賴青松回鄉推廣無毒農法（下），都為台灣土地帶來了一份希望。

洪箱以一介女子之力，能夠成功抵抗地方政府的蠻橫行爲，我認爲是相當能代表台灣人草根的力量。而另一位年輕農人賴青松則是一個更不同的故事，他原本已在日本岡山大學取得環境法的法學碩士學位，二〇〇四年卻決定放棄繼續深造博士的機會回台，做什麼呢？種田。

他原是農家子弟，爲了求學、工作離鄉背井，他長年關心環境問題，還曾是主婦聯盟「綠主張購買中心」的副總經理。有不錯的工作、優秀的學歷，他絕對能在都市裡找到一份令人羨慕的工作，不過，他卻拋棄一切回鄉種田，用現代管理的方式，控制生產，保障農人的收入，還推廣無毒農法，讓農地裡不僅作物滋長，也孕育了各種小生物，儼然是一個活絡的生物圈。

這兩個人代表了台灣土地的希望，有堅韌性格、不畏強權的洪箱，也有鼓勵友善農法、年輕知識分子回流土地的賴青松，土地因爲有了他們而更加精采。

「吳式旁白」情義相挺

這部片子的背後還有很多貴人，他們沒有眞的出現在影片裡，像是前面提到的台達電子的鄭董事長，還有擔任旁白的吳念眞。很早以前，我跟他提過空拍台灣影片的計畫，他聽了覺得很不可思議，直問：「這咁有可能？」

後來片子拍攝完成，工作同仁要求由我自己配音，但我怎麼配就是不對，一樣的句子，我唸出來就像是唸稿，沒有感情，非常生硬，我覺得捷運站報站名的廣播都比我有感情多了。其實我一開始就想到吳導的旁白，他的「吳式語言」非常有感染力。這是一部拍攝台灣土地的影片，而他的聲音與話語帶有庶民草根力量的味道，所以我一直想邀他來配旁白。

最後，我們透過萬冠麗小姐請他來看片子，談一下有無合作的可能。這是一部講述美麗台灣以及環境議題的空拍片，劇情性並不是那麼強，我們很擔心觀眾的接受度。看完之後，我們的製片跟吳導探了口風：「導演有沒有覺得哪一段很沉悶的？」吳導卻回說：「一點也不悶，每一段都很棒。」隨即又很阿莎力地表示：「你們找我來配旁白眞的是找對了！」

我心中頓時鬆了一口氣，但費用上我們不知道怎麼跟他談，製片很大膽地開口：「那要錢嗎？」我心裡一驚，這話也講得太直接無禮了吧？沒想到，吳導先是愣了一下，又說：「我的價碼通常要嘛就是很貴，要嘛就是免費。」製片馬上跟吳導說謝謝，這事就這樣談成了。

吳導並不因爲這是一件無償的工作而隨便交差了事，我們把腳本先送去給他看，由他修改成自己的「吳式語言」。我們要派車接他去配音、要請他吃飯，他都說不必，完全是情義相挺，我非常感動。

吳念真導演因感動於《看見台灣》片中的影像，分文未收地接下旁白的工作，也讓這部影片更添感染力。

第一次錄音時，在剩下三分之一的地方，吳導覺得旁白的詞不太順，於是邊改邊錄，錄音室在二十一樓，他錄一半就得到一樓抽菸放空想一想。錄到晚上了，大家精神有些不濟，只有吳導還關在錄音間裡，邊想邊改。改得不順時，他一樣會在錄音室裡來幾句「吳式國罵」。我們製片想請他喝個咖啡提神，但咖啡會讓他的聲音顫抖，所以後半場都是靠他的意志力在撐。無償做這樣的工作，還耗盡這麼大的心力和體力，我覺得很過意不去。

無數人的幫助，讓我一點也不覺辛苦與孤單

另一個值得一提的是本片的原創音樂配樂人，他是知名的音樂大師何國杰（Ricky Ho），最近的長榮航空「I see you」廣告和電影《賽德克巴萊》都是他的作品。我們工作團隊對電影製作和人脈都不是那麼熟悉，靠的全是一股傻氣的熱情。在四處打聽配樂製作公司時，雲門舞集的林懷民老師建議我們找新加坡的 Ricky 老師，他的作品以氣勢磅礡著稱，非常適合我們的片子。

那時，Ricky 老師剛做完《賽德克巴萊》，想要休息一陣子，再加上他看到是「記錄片」，先入爲主覺得應該不像劇情片那樣有發揮的空間。不過，我們鍥而不捨，先寄了幾個空拍的片段給他看。Ricky 曾經短暫住過台灣一陣子，當他看到空

配樂大師何國杰的認真與要求，也令我深深感動。

拍的影片時，非常驚訝，這不是他所見過的台灣，這幾段影片引起了老師的興趣。最後，我們趁他來台灣時，向他做了一個完整的簡報，他終於答應擔任這部片的配樂。

我在工作上是一個完美主義者，一點點的角度不對、光線不對，就會一直想拍到完美爲止。Ricky 也是如此，他挑最好的樂團合作，對音樂品質絲毫不肯放鬆。爲了配樂，我們甚至遠赴布拉格的交響樂團錄音，而這一切的努力和辛苦都有值得的回報。

從空拍的相機攝影到現在的動態攝影，我最多的時間是在飛機上與飛行員互動，空拍的景物也很少有人，但這一路上，我的拍片計畫能促成、我的夢想能完成，卻是靠著許許多多人的幫助。很多人說，我這一路走來很辛苦、很孤單，但我從不這麼覺得。我認爲，我比別人幸運，能得到這些人的幫忙，不管是提供資金協助的鄭董、義務幫忙的吳導，還是玉山上的馬校長和他的孩子們，或是玉里鎮上的老農們，這些點點滴滴的幫助，讓我覺得溫暖，也覺得自己做的記錄工作是有意義的。

國家圖書館出版品預行編目資料

我的心，我的眼，看見台灣：齊柏林空拍20年的堅持與深情／齊柏林著. -- 初版. -- 臺北市：圓神，2013.11
176面；17×23公分. --（圓神文叢；149）

ISBN 978-986-133-469-1（平裝）
1. 攝影集 2. 臺灣地理

733.3 102016697

The Eurasian Publishing Group
圓神出版事業機構
用心與你對話．視野無限寬廣
圓神出版社
Eurasian Press

http://www.booklife.com.tw reader@mail.eurasian.com.tw

圓神文叢 149

我的心，我的眼，看見台灣

齊柏林空拍20年的堅持與深情

作　　者／齊柏林
發 行 人／簡志忠
出 版 者／圓神出版社有限公司
地　　址／台北市南京東路四段50號6樓之1
電　　話／（02）2579-6600．2579-8800．2570-3939
傳　　真／（02）2579-0338．2577-3220．2570-3636
郵撥帳號／18598712　圓神出版社有限公司
總 編 輯／陳秋月
主　　編／林慈敏
責任編輯／林慈敏
專案企畫／賴真真
美術編輯／劉鳳剛
行銷企畫／吳幸芳．凃姿宇
印務統籌／林永潔
監　　印／高榮祥
校　　對／沈蕙婷．林慈敏
排　　版／陳采淇
經 銷 商／叩應股份有限公司
法律顧問／圓神出版事業機構法律顧問　蕭雄淋律師
印　　刷／國碩印前科技股份有限公司
全書照片提供及版權所有／台灣阿布電影股份有限公司
2013年11月　初版
2023年12月　42刷

定價290元　ISBN 978-986-133-469-1

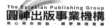